Foto: Carsten Heidmann

Die Werder Bremen-Geschäftsführung (v. li.): Manfred Müller, Jürgen L. Born, Klaus-Dieter Fischer, Klaus Allofs

Liebe Werder-Fans!

Werder Bremen hat sich in der Beletage der Bundesliga etabliert. Man spricht mit Respekt und Freude über unseren Club, die Spieler und den Cheftrainer. Die Erfolge unserer Werder-Elf bilden weiterhin ein Synonym für Ereignisse von Bedeutung im Land Bremen und Umgebung. War es im Juni 2004 das sensationelle Double, das die Anhänger in totale Euphorie versetzt hatte, so wurde die Saison 2004/05 zwar nicht von Titeln gekrönt, dafür aber durch die abermalige Qualifikation für die Champions League. Zuvor war das Team von Thomas Schaaf im DFB-Pokal nur äußerst unglücklich am erneuten Einzug ins Endspiel gescheitert und hatte die Gruppenphase der Champions League Saison 2004/05 souverän auf Platz zwei gemeistert.

Und wenn man einmal analysiert, was Werder Bremen bisher in der Saison 2005/06 gezeigt hat, so kommt man zu dem Fazit, dass sich die guten Leistungen stabilisieren. Interessant ist die Ursachenforschung hinsichtlich der fußballerischen Qualitätskonservierung. Wie schafft es Werder, jedes Jahr den Fortgang hochkarätiger Stammspieler – wie zuletzt Valérien Ismaël und Fabian Ernst – zu verkraften?

In erster Linie zeichnen dafür die Künste von Klaus Allofs und Thomas Schaaf verantwortlich, die innerhalb der gesteckten Rahmenbedingungen Großartiges leisten. Mit Geschick und Fachwissen wird eine Einkaufspolitik betrieben, die stets dazu führt, dass die grün-weißen Farben von einem attraktiven, schlagkräftigen und zielorientierten Team vertreten werden. Darüber hinaus sorgen die Co-Trainer und Helfer für eine gute, den Erfolg fördernde Atmosphäre.

Eine Untersuchung unter allen Fußballinteressierten in Deutschland ergab, dass rund fünf Millionen Menschen Werder Bremen Sympathien entgegenbringen. Ein Wert, der weiter steigen dürfte. Denn lautete der Oberbegriff für den eher unspektakulären Stil in der erfolgreichen Zeit unter Otto Rehhagel noch ‚kontrollierte Offensive', so wurde die Ära Schaaf bereits mit dem Prädikat ‚Erlebnisfußball' ausgezeichnet. Die Spielweise fällt auf. Sie beginnt das Bild der Marke Werder nachhaltig positiv zu prägen, auch wenn das eine oder andere Gegentor zuviel fällt. Aber das ‚neue Werder' will ganz bewusst offensiv sein, auf und neben dem Spielfeld.

Und so entwickelten wir uns auch dort parallel zum sportlichen Erfolg hervorragend. Werder baute die Mitgliederzahl in den letzten zwei Jahren von etwa 6.500 auf gute 22.000 aus, schraubte das Dauerkartenkontingent auf 26.000, das Fanartikel-Geschäft boomte in nie erwartetem Ausmaß. Der Kreis der Sponsoren wurde erweitert, die Einnahmen gesteigert. Der Logen- und Platinbereich in der hochmodernen Nordgeraden des Weser-Stadion ist inzwischen Lieblingstreffpunkt der bremischen Gesellschaft, und unser WUSEUM genanntes Werder-Museum nebst der professionellen Stadionführung bildet eine große Attraktion – nicht nur für unsere Fans.

Das Unternehmen ‚Werder' läuft also auf Hochtouren. Nach einem Rekordumsatz von 70 Millionen Euro im letzten Geschäftsjahr sollte es uns in der Spielzeit 2005/06 erneut gelingen, ohne Schulden und ohne wirtschaftliche Verluste, zudem sportlich erfolgreich, abzuschließen.

Übrigens: Werder Bremen feierte auch im Jahr 2005 zwei deutsche Meisterschaften. Diesmal schafften das die Schachspieler, auch sie sind in der Champions League aktiv, und erneut die Prellballer. Zudem stellt Werder nun erstmals im Tischtennis eine Bundesligamannschaft. Wir sind stolz auf alle unsere Sportler und natürlich auf unsere Fans.

Herzlichst Ihr

Jürgen L. Born
Vorsitzender der Geschäftsführung
Werder Bremen

BREMER Weser-Stadion

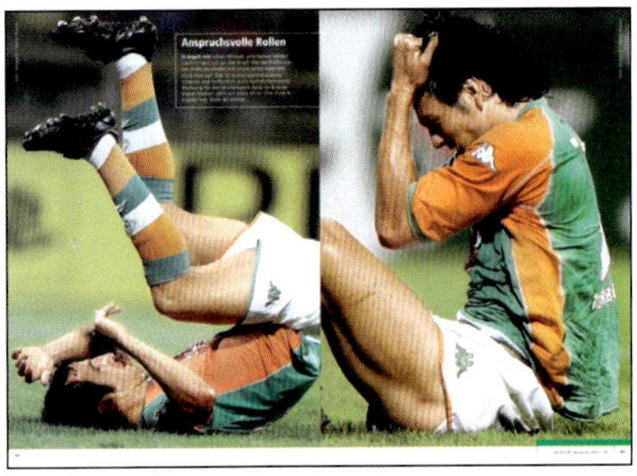

Deutschland

Das offizielle WERDER BREMEN Jahrbuch 2005 / 06

Die packendsten Augenblicke: emotional, kurios, artistisch!

Werder in Bildern

Partner und Medien

Service

Wer ist wer?

Foto: Bongarts / Getty Images

Mit Scharf-Blick

Der Mann hat sich dieses Lächeln wahrlich verdient: Werders Cheftrainer Thomas Schaaf konnte sich über den besten Saisonstart der Grün-Weißen in der Bundesliga-Geschichte freuen. Tabellenplatz 1 nach dem neunten Spieltag – da gönnt er sich schon mal ein feines Grinsen. Und lässt ahnen, dass man mit ihm Spaß haben und ‚Pferde stehlen' kann. Bei Pressekonferenzen wirkt er eher ruhig und konzentriert, präsentiert sich mit sparsamer Mimik und Gestik. Der 44-Jährige will lieber mit Erfolgen glänzen als mit theatralischen Effekten – dafür arbeitet er beharrlich und mit Weitblick. Auf der Trainerbank erleben wir den etwas anderen Schaaf, der seinen Gefühlen freien Lauf lässt. Thomas Schaaf – ein Bremer Typ mit Charakter.

Foto: Carsten Heidmann

Einen Riecher für den Erfolg

Regisseur, Strippenzieher, ‚Le Chef' – mit solchen Etiketten versuchen Sportjournalisten sich dem Phänomen Johan Micoud zu nähern. Wahr ist: Werders französischer Ausnahmespieler hat einen beeindruckenden Überblick auf dem Platz, seinen Augen entgeht (fast) nichts. In der Öffentlichkeit wirkt Micoud eher in sich gekehrt, er ist – darin Trainer Schaaf nicht unähnlich – ein leiser Profi, der hohle Phrasen hasst. Wer ihn kennt, lobt seinen mitunter schüchternen Charme. Auf dem Platz hingegen entfaltet der 32-Jährige sein ganzes Talent, von dem nicht wenige sagen: genial!

Energieschub

Auf diesen Augenblick haben sie lange gewartet, mit klopfendem Herzen, einige mit etwas wackeligen Beinen, alle aufgeregt und dabei überglücklich. So mancher Fan auf den Rängen würde jetzt gerne mit ihnen tauschen. Die Fußball-Kids, die Hand in Hand mit den ‚Großen' einlaufen, aus den Katakomben des Bremer Weser-Stadions direkt durch den Spielertunnel hinaus auf den Rasen, endlich erwartet von mehr als 40.000 Zuschauern, sie haben das große Los gezogen. Denn die Warteliste für diese sympathische Zeremonie ist lang.

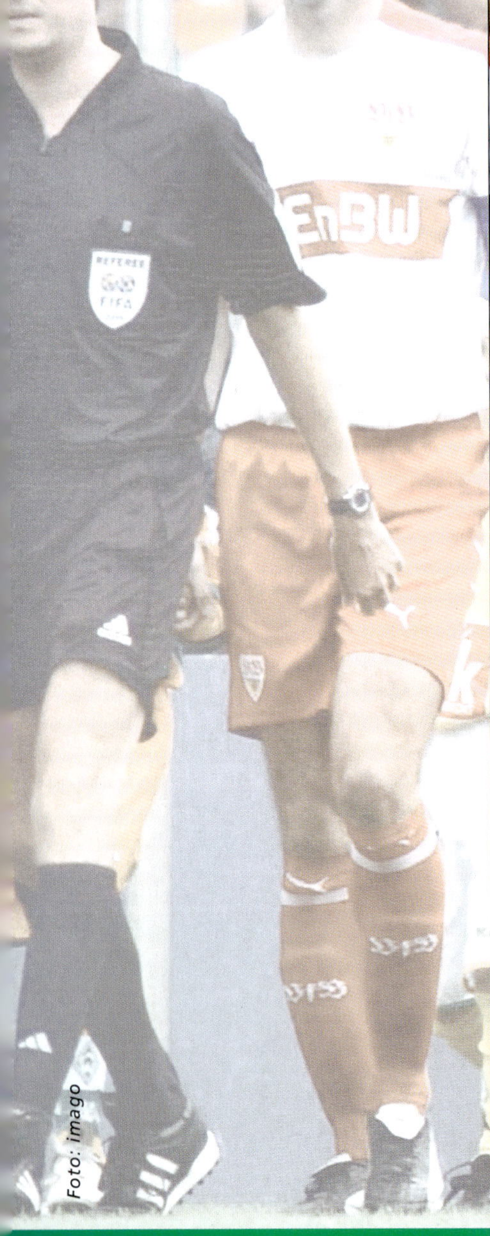

Foto: imago

Weser-Stadion
kik
Kappa
WOLL-
STÜBCHEN
H. HOLT
Aspe
WOLL-
STÜBCHEN
H. HOLST

Wo die Weser einen großen Bogen macht

… da schlägt nicht nur an Spieltagen das Fußball-Herz Bremens. Rund um das Weser-Stadion wird es in den kommenden Monaten in der Pauliner Marsch weitere Veränderungen geben. Sie setzen die Ziele und Maßnahmen um, die Anwohner, Vereine, Senatsressorts, Bremer Weser-Stadion GmbH und Werder Bremen im Moderationsverfahren beschlossen hatten. Auf der einen Seite wird zum Beispiel durch stärkere Begrünung die Lebens- und Aufenthaltsqualität der Wohn- und Naherholungsbereiche weiter erhöht. Auf der anderen Seite verbessern neue Parkplätze und Spielfelder die Situation für die Sportler und Fans von Werder Bremen.

Foto: Carsten Heidmann

dodenhof
AAKE-BECK

Die Sparkasse Bremen
Deutsche ProVentus AG
Krombacher

Fotos: Carsten Heidmann

Faszinierende Traum-Kulisse

Ob Champions-League-Kracher unter Flutlicht oder Samstag-Nachmittag-Ausflug – das Bremer Weser-Stadion ist so etwas wie ein Zufluchtsort der besonderen Art. Denn im lautstarken Trubel von zehntausenden Fans und angesichts des schweißtreibenden Arbeitseinsatzes von 22 Profis auf dem Rasen entfaltet sich immer wieder aufs Neue jene pulsierende und mitreißende Stimmung, die den Fußball zur unumstrittenen Nummer 1 in der Welt des Sports gemacht hat. Das Weser-Stadion – ein Ort packender Zweikämpfe und intensiven Zusammenspiels. Es ist vieles so wie im wirklichen Leben, nur unvergleichlich intensiver, dramatischer und emotionaler. Für Erlebnisse dieser Art wird der Fußball geliebt. Oder wie sagte es Werder-Trainer Thomas Schaaf unlängst nach einem nervenzerfetzenden Elfmeterschießen im DFB-Pokal: „Hier ist immer etwas Besonderes los. Es lohnt sich, ins Weser-Stadion zu kommen."

Foto: Carsten Heidmann

Standhaft

Die Versuchungen im modernen Fußball sind vielfältig, überall lauern Gefahren und Fallstricke. Für die Macher im Hintergrund, für die vier Geschäftsführer des mittelständischen Unternehmens Werder Bremen (mit mehr als 200 Mitarbeitern und einem Umsatz von zuletzt 70 Millionen Euro) ist das Geschäftsfeld Fußball eine enorme und ständige Herausforderung. Ihr Motto: Wer nicht reich ist, muss schlau sein. Ihr Grundsatz: Investieren – aber immer mit Augenmaß. Risiko muss kalkulierbar sein. Manfred Müller, Klaus-Dieter Fischer, Jürgen L. Born und Klaus Allofs (Foto, von links) haben mit ihrer Art in der Liga Zeichen gesetzt. Sie legen das Fundament für den fußballerischen Erfolg des Teams von Trainer Thomas Schaaf – eine Art kontrollierte Offensive der Unternehmensführung. Die beeindruckende wirtschaftliche Bilanz und der Tabellenplatz geben den Bremern recht.

Stars in der Manege

Herzlich willkommen im Erlebnispark Weser-Stadion. Werder Bremen nimmt Sie mit auf eine wunderbare Reise durch die grün-weiße Welt des Fußballs. Raus aus dem Alltag, rein ins Vergnügen. Erleben Sie die längste Achterbahnfahrt der Welt – atemberaubend, 90 Minuten Nervenkitzel pur. Lassen Sie sich verzaubern von der einzigartigen Live-Show und der Spielfreude der Akteure auf der 105 x 68 Meter großen Bühne. Diese Inszenierung ist der wahre Werder-Wahnsinn.

Ob groß oder klein – hier kommt jeder Besucher auf seine Kosten. Und wem 90 Minuten Action noch nicht genug sind, der kann im WUSEUM, dem Werder Bremen Museum, noch länger und tiefer in die Werder-Welt eintauchen (Infos auf Seite 113).

Foto: nordphoto

Luftüberwachung

Er ist schnell – der Ball (knapp 450 Gramm schwer) hat häufig Spitzengeschwindigkeiten von mehr als 100 km/h drauf. Reflexe wie ein Rennfahrer braucht deshalb Werder-Torwart Andreas Reinke, um das Schlimmste zu verhüten. Sicher: Vor ihm stehen noch ein paar Arbeitskollegen, deren Hauptjob es ist, Reinke gar nicht erst in Verlegenheit zu bringen. Aber: Die gegnerischen Stürmer werden auch nicht fürs Nichtstun bezahlt. Andreas Reinke kennt das einzigartige Gefühl, das nur der ‚letzte Mann' kennt: Manchmal kommt es nur noch auf ihn an. Und dann schlägt die Stunde des kräftigen Routiniers, der dem Ball (und dem Gegner) einiges entgegenzusetzen hat: 1,92 Meter und 96 kg. Ein Ruhepol, aber immer hellwach.

Foto: Bongarts / Getty Images

Glänzendes Zusammenspiel

Da sitzen sie, scheinbar ruhig, auf der Bank: Werders Cheftrainer Thomas Schaaf und Sportdirektor Klaus Allofs. Ihr Blick ist aufs Spielfeld gerichtet, sie selber sind von -zig Fotografen umringt. Die Ruhe täuscht. Denn Werders erfolgreiches Duo ist immer in Aktion, setzt sich selber ständig unter Druck, vibriert. Sie wollen nur eins: Erfolg. Die beiden verbindet eine jahrelange Arbeitsgemeinschaft bei Werder Bremen. Thomas Schaaf, seit 10. 5. 1999 Chef-Coach, ist gar der dienstälteste aller 18 Bundesliga-Trainer. Sechseinhalb Jahre ununterbrochen im Amt – das alleine ist schon selten genug. Und wenn es ein Erfolgsrezept der beiden gibt, dann wohl dieses: sachlich arbeiten, Show-Effekte vermeiden und das Team mit spektakulären Erfolgen glänzen lassen.

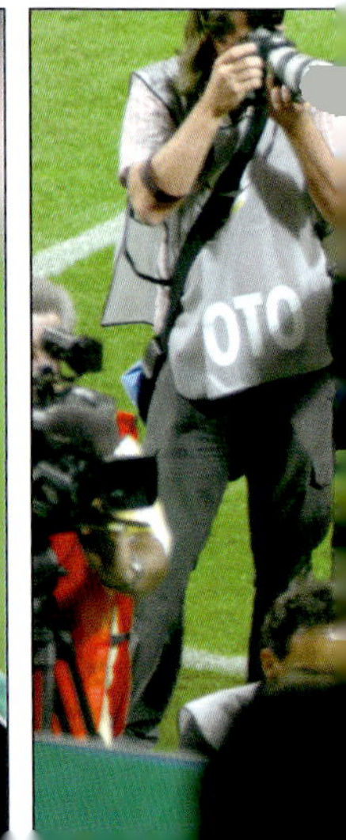

Foto: Bongarts / Getty Images

MEISTER

FUSSBALL
RELIGION

Fotos: Carsten Heidmann

Die Lieblingsfarben der Bremer …

… sind die Werder-Farben: grün-weiß. Das zeigt sich Spieltag für Spieltag im Weser-Stadion. Die Werder-Farben regen auf, sie reißen mit. So sehen es Tausende von Fans und dokumentieren es mit ihren Trikots, Schals, Mützen und allem, was der echte Werder-Anhänger braucht. Auch als Tattoo ist die Werder-Raute ein echter Renner.

Noch nie kamen so viele Fans zu den Bundesliga-Spielen wie in dieser Saison (im Durchschnitt knapp 40.000), von den Abenden in der Champions League ganz zu schweigen. Kein Wunder bei dieser Unterstützung: Im Weser-Stadion fallen mehr Tore als in jeder anderen Arena der Bundesliga.

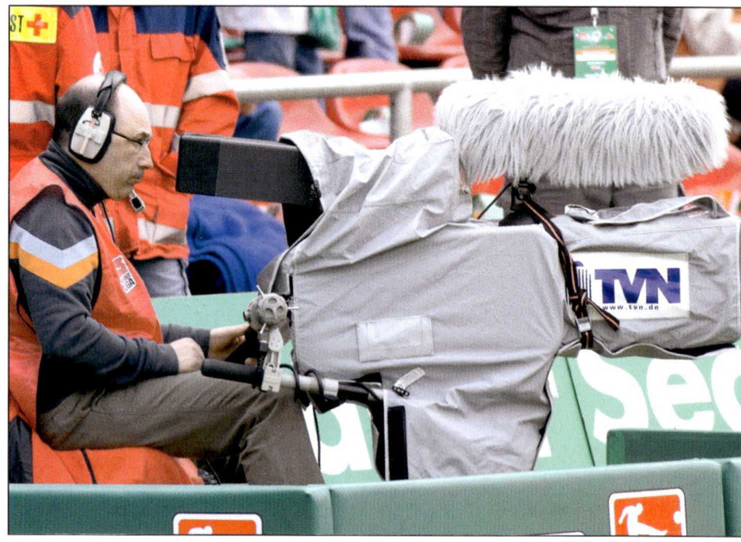

Alles im Blick

Es gab eine Zeit, da wurden Werder-Erfolge noch nicht filmisch dokumentiert. Da standen keine Kameras an den wichtigsten Ecken des Stadions, um jede Bewegung, jede Regung, jede Geste der Akteure festzuhalten. Von Werders erstem Pokalsieg 1961 gibt es keine TV-Aufzeichnung, noch nicht einmal einen längeren Mitschnitt. Werders erster nationaler Triumph der Neuzeit existiert heute – nach über 40 Jahren – nur noch in den Erinnerungen der damaligen Akteure und Zuschauer. Live-Sendungen? Ein damals unbekannter Begriff.

Heute, wenige Jahrzehnte später, wird jedes Spiel von unzähligen Fotografen und TV-Kameraleuten beäugt. Tele-Objektive größten Kalibers sind in der Lage, jeden Schweißtropfen abzubilden. Und ferngesteuerte Kameras auf Schienen und an Seilen, wie die ‚Spider-cam' (großes Foto, rechts), schweben über dem Platz und ermöglichen wahrlich atemberaubende Blicke. Ausgefeilte Zeitlupen-Technik analysiert jede Phase des Spiels.
Und dennoch ist nicht alles perfekt, wie das kleine Foto unten zeigt: Wer hätte je gedacht, dass ein heutiger Sportfotograf eine simple Jeans-Jacke braucht, um seine eben aufgenommenen Bilder am Laptop zu betrachten?

Fotos: Carsten Heidmann

Foto: Bongarts / Getty Images

Die Kunst des Knipsens

Ja, was macht der Ivan da? Was hat er vor? Werders Ivan Klasnic, für einen kleinen Scherz immer zu haben. Wendet er sich mit dieser Geste etwa an die vielen Sportfotografen, die ihn belauern? Nach dem Motto: Knipst Ihr nur Eure Bilder; ich ‚knipse' auf meine Art. Seine Bilanz gibt ihm recht. Werders ‚Knipser' vom Dienst erzielte in seinen ersten 100 Bundesliga-Spielen 32 Treffer. Auch auf der europäischen Bühne setzt sich der Kroate bestens in Szene. Bei Werders Rückkehr in die Champions League gehörte Klasnic mit fünf Treffern in acht Partien zu den erfolgreichsten Torjägern des Kontinents.

Foto: Bongarts / Getty Images

Alle Achtung!

Die Ruhe vor dem Sturm, die Mauer steht – die Gesichter der Werder-Profis sprechen Bände: ein packendes Gruppenbild mit Ball. Kein Mathematiker kann in diesem Augenblick seine Flugbahn vorausberechnen, aber eines ist sicher – er bekommt die Kraft, überall hinzufliegen.
Ein gefährlicher Augenblick, ein spannender Moment, der manchmal für die schönsten Tore sorgt – je nach Standpunkt.

Foto: Bongarts / Getty Images

Foto: Carsten Heidmann

Foto: iamgo

… da isser, der Ball

Auf Raketen-Starts, so geheimnisvoll sie letztlich auch sein mögen, ist der Zuschauer innerlich vorbereitet: Der Termin ist längst bekannt, zuerst der Countdown, dann dumpfes Grummeln, mächtiges Dröhnen und schließlich jede Menge Riesen-Qualmwolken – dann endlich, scheinbar unendlich langsam, hebt sich der tonnenschwere Raumtransporter von der Rampe.
Es wäre sicherlich schön und wohl weniger nervenaufreibend aus Sicht dieser Werder-Mauer, wenn der Ball seinen Weg auch so ‚mit Ansage' zurücklegen würde. Aber diesen Gefallen tut er den Akteuren nicht – deswegen ist jeder Profi gespannt wie ein Flitzebogen. Und wir sehen unvergessliche Bilder, die die spannendsten Momente des Fußballs ein für alle Mal fest halten.

Foto: nordphoto

Foto: Witters

nordphoto

nordphoto

Fotos: Bongarts / Getty Images

Typen der besonderen Art

Ein Klasse-Torwart ist ist immer auch ein ganz besonderer Typ; ein hervorragender Schlussmann braucht ganz andere Qualitäten als seine Feldspieler – das ist bekannt. Werder Bremen hat bei der Auswahl seiner Torhüter schon häufig ein gutes Händchen bewiesen. Das Ergebnis: ganz unterschiedliche Persönlichkeiten.

Andi Reinke, der ruhige Mecklenburger, der meist schon dort steht, wo der Gegner den Ball im Tor unterbringen will. Tim Wiese, die rheinische Frohnatur, die mit spektakulären Flugeinlagen den Kasten sauber hält. Positives Denken, Humor und Zielstrebigkeit hat sich Werders Pechvogel auch während seiner Kreuzbandverletzung bewahrt. Für Wiese nehmen bis zu seiner Genesung abwechselnd Christian Vander und Kasper Jensen (links unten) den Platz hinter Reinke ein.

Foto: Carsten Heidmann

Ball-istik nach Werder-Art

Der Ball ist rund; diese eherne Fußball-Weisheit wird mit diesem Bild auf besonders eindrucksvolle Art symbolisiert. Und es könnte darüber hinaus zu dem etwas abfällig klingenden Gedanken verleiten, dass man an der Weser nur den Ball im Kopf hat. Was mancher Spötter wirklich so meinen könnte, muss bei Werder niemanden aufschrecken. Denn in der ‚Ewigen Tabelle' der Bundesliga belegen die Bremer Platz drei. Das sagt doch eigentliches alles. Und hätte auch das Zeug zu einer Fußball-Weisheit, etwa so: Bei Werder Bremen hat man tatsächlich nur den Ball im Sinn. Und zwar überaus erfolgreich.

Foto: Witters

Foto: imago

Beinarbeit

Manche sind lang und dünn, manche eher kurz und kräftig. Entscheidend ist: Sie müssen vielseitig verwendbar sein – die Beine der Fußballer. Sie müssen sprinten, grätschen, springen, dribbeln. Den Ball schießen, schlenzen, mit dem Außenrist, der Innenseite, Vollspann oder ‚mit Pike'. Ob Steilpass, Querpass, Rückpass, Doppelpass, ob Flanke oder Freistoß. Gutes Timing und hohe Präszision sind gefordert. Und das bei höllischem Tempo.

Die Beine der Kicker sind mal Arbeiter, mal Künstler – vor allem sind sie ihr größtes Kapital und genießen daher einen besonderen Schutz. Werder gilt in der Bundesliga als Mannschaft, die es besonders gut versteht, dieses Kapital gewinnbringend einzusetzen und im Zusammenspiel von Beinen und Ball die Fans zu begeistern.

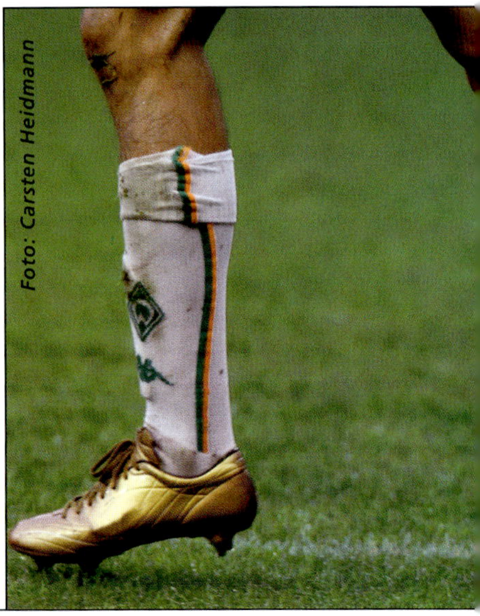

Foto: Carsten Heidmann

Foto: Carsten H…mann

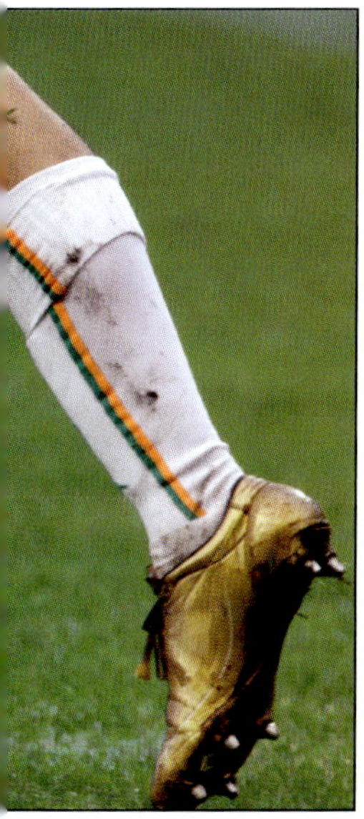

Foto: imago

Mit Armen, Beinen und Siegeswillen

Die Fans lieben es, wenn die Emotionen im Stadion hoch kochen, wenn ihre Lieblinge auf der Überholspur sind und dies mit ganzem Herzen und vollem Körpereinsatz ausdrücken – so wie hier Werders Mittelfeldstrategen Johan Micoud (re.) und Daniel Jensen. Wenn sie dann doch letztendlich einen kühlen Kopf bewahren können – was soll dann noch schief gehen?

Foto: imago

Foto: Bongarts / Getty Images

Davon träumt der Straßen-fußballer

Sie sind Ball-Artisten, Hochspringer, Künstler auf dem grünen Rasen – und damit alles, wovon viele Kids auch heutzutage träumen. Gameboys und Spiel-Konsolen mögen noch mehr Kunststückchen, Kapriolen und Fingerfertigkeiten auf das Display zaubern – aber das ist nur virtuell, nicht real. „Entscheidend ist aufm Platz", hat einmal ein großer Fußballer gesagt. Diese Fotos zeigen die Werder-Profis Nelson Valdez und Patrick Owomoyela (rechts). Ihre Sprünge sind wahrhaftig, und sie selber wollen hoch hinaus. Sie sind Vorbilder aus Bremen, Saison 2005/06.
Straßenfußballer, aufgepasst: Werder sucht Euch und veranstaltet in jedem Jahr seine Aktionstage ‚100 % Werder! Talent' und ‚100 % Werder! Camp'. Infos unter www.werder.de.

Foto: nordphoto

Foto: Bongarts / Getty Images

Anspruchsvolle Rollen

Es kugelt sich Johan Micoud, und Nelson Valdez (rechts) fasst sich an den Kopf: Werder-Profis warten mehr als einmal mit Circus reifen Kabinettstückchen auf. Das ist immer spannend anzuschauen und hoffentlich auch nachahmenswerte Werbung für den Breitensport. Aber im Bremer Weser-Stadion zählt vor allem eines: Drei Punkte müssen her. Mehr als einmal.

Foto: Bongarts / Getty Images

Harte Landung und schmerzliche Erfahrungen

Da geht einer spektakulär zu Boden – Werders Torsten Frings (großes Foto) fliegt in der Waagrechten über den Platz, mit der ausgestreckten linken Hand will er sich vor einer Bruchlandung schützen. Der Nationalspieler ist wieder bei Werder angekommen, nach Zwischen-Stopps bei Borussia Dortmund und Bayern München. An der Weser will der sympathische Mittelfeld-Spieler wieder mehr Spaß am Fußball finden.

Diesen Spaß durfte Petri Pasanen (kleines Foto) lange Zeit nicht ausleben. Nach mehreren Zusammenstößen mit Gegenspielern in kurzer Zeit und der daraus resultierenden Kopfverletzung musste der Kopf der Werder-Defensive pausieren.

Foto: Bongarts / Getty Images

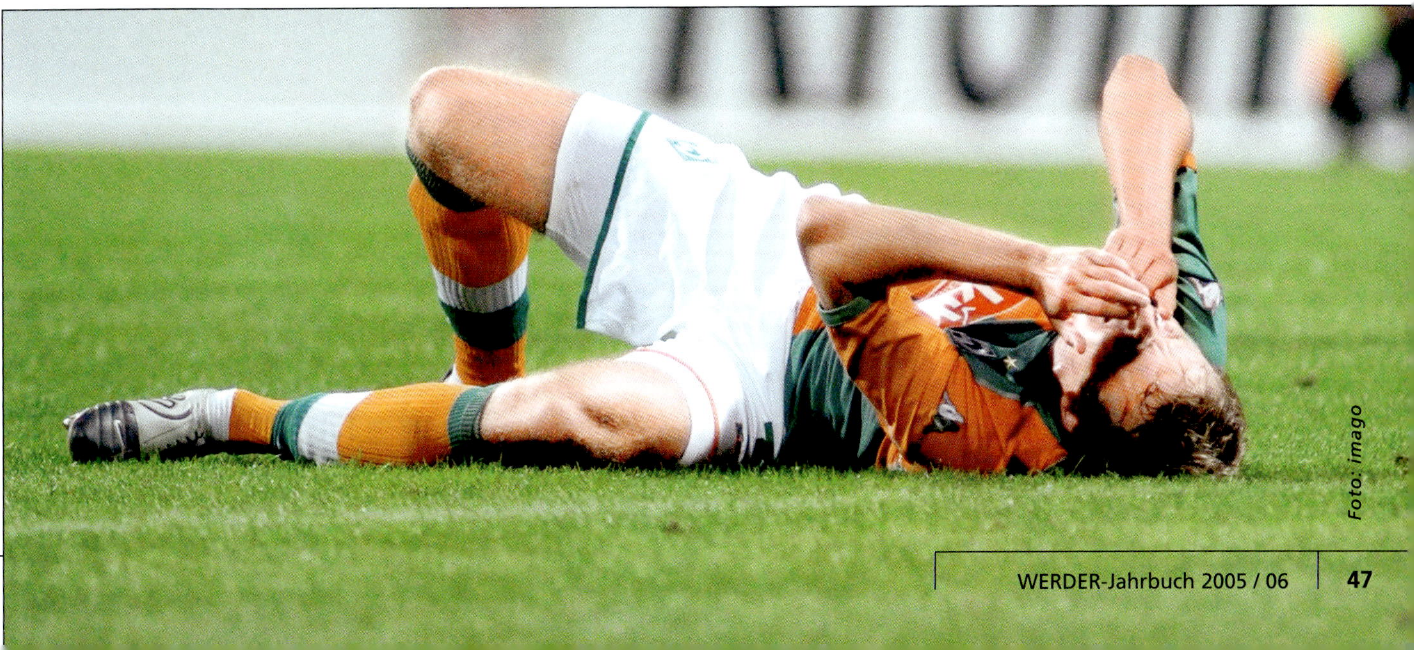

Foto: imago

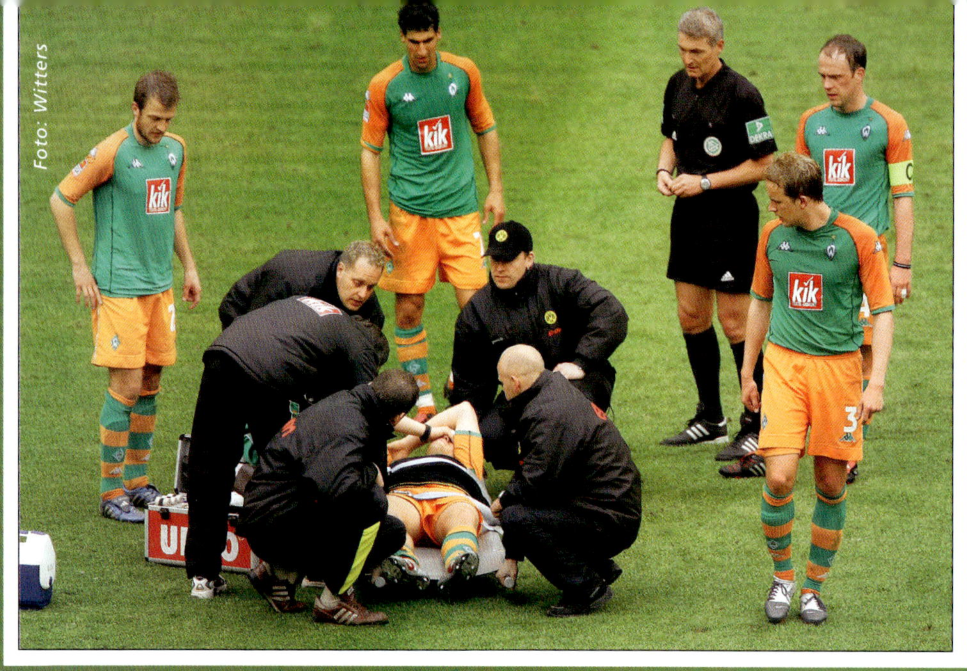

Foto: Witters

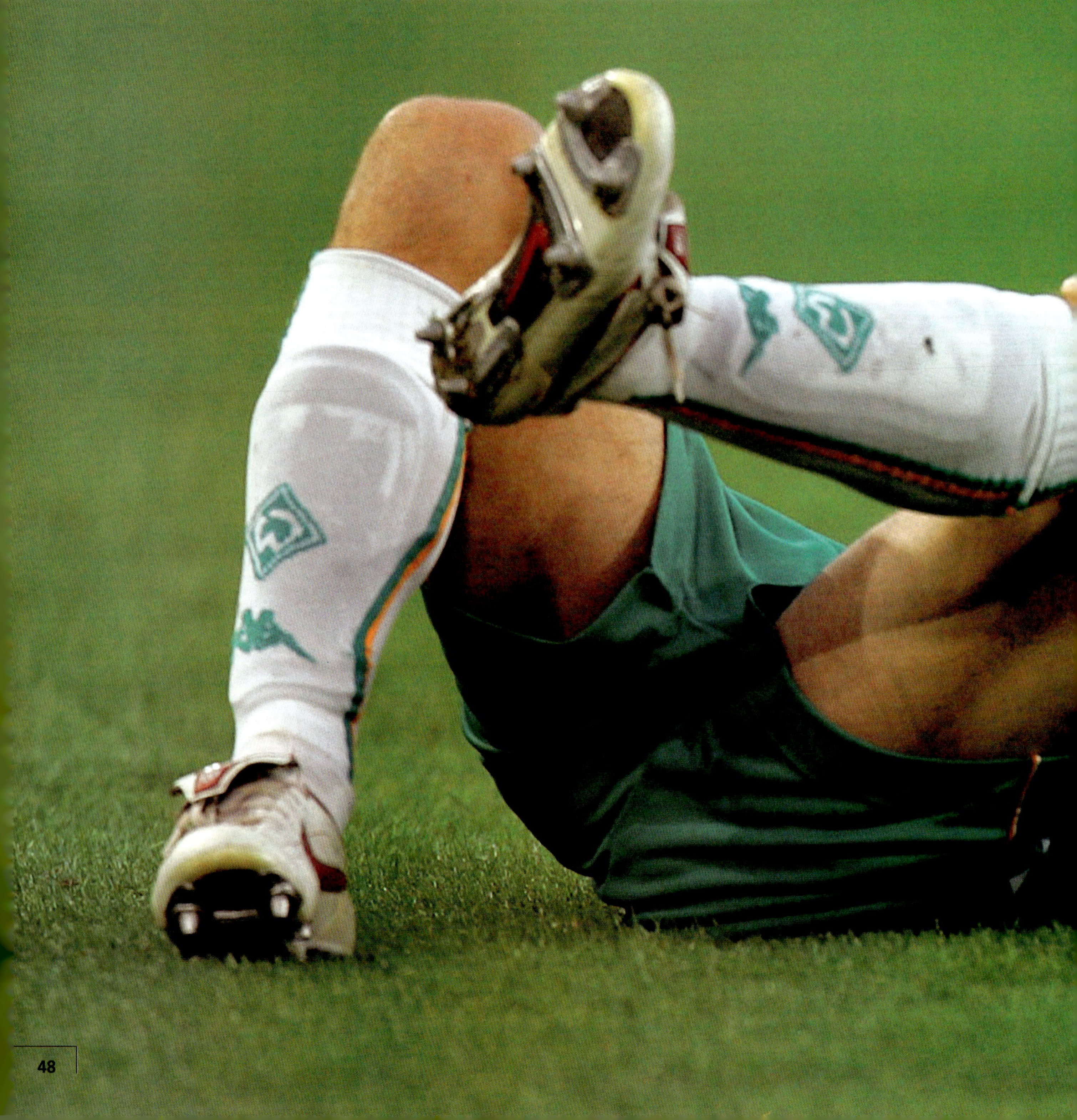

Foto: imago

Spielen bis der Arzt kommt

Das ist der Albtraum eines jeden Fußball-Profis: ‚Hals- und Beinbruch' beim Bodenkontakt oder nach gründlich misslungenem Duell mit dem Gegenspieler. Es ist beruhigend zu wissen, dass viele dramatisch aussehenden Szenen glimpflich ausgehen. Die meisten Profis der Liga halten sich an die ungeschriebenen Regeln des Fairplay. Und um uneinsichtige ‚Rasen-Rowdys' kümmert sich hoffentlich das Schiedsrichter-Team.

Mit Bodenhaftung

Die Gesetze der Schwerkraft aufheben – das kann auch der begnadetste Spieler nicht wirklich. Aber er kann sie sich, so gut es geht, zu nutze machen. Doch manchmal reißt es einen wirklich von den Beinen. Dann freut man sich über die Sekunden-Pause und hofft, dass die Beine nicht zu schwer werden. Werders Profis ‚tanzen' schließlich seit Saisonbeginn auf drei Kräfte zehrenden Hochzeiten in der Bundesliga, im DFB-Pokal und in der Champions League. Gut, dass es manchmal auch auf dem Rasen heißt: Kollege hilft!

Foto: imago

Foto: nordphoto

Foto: imago

Foto: imago

Fotos: Bongarts / Getty Images

Klatschen: ohne große Worte

Wieder einmal hat's geklappt, und das Klingeln im Kasten des Gegners ist Musik in den Ohren der Werder-Profis Ivan Klasnic, Miro Klose und Co. Da klopft man sich gerne einmal auf die Schenkel (oder ähnliche Körperteile).
Die Fans meinen: Kann so weiter gehen!

Seid umschlungen!

Wenn Paare glücklich sind, dann breiten sie die Arme aus und tun das, was Paare tun. Werders Neuzugang Jurica Vranjes (gr. Foto) hat sich in Bremen gut eingelebt. Wer immer platte Sprüche („Die Bremer sind doch steif“) klopfen möchte, sollte hier einmal genauer hinschauen – und in Zukunft schweigen. Spiel- und Lebensfreude gibt’s auch an der Weser, nicht nur in Brasilien oder sonst wo.

Foto: Carsten Heidmann

Foto: imago

Foto: Bongarts / Getty Images

Unter Beobachtung

War es eine vergebene Torchance? Oder eine umstrittene Schiedsrichter-Entscheidung? Oder hat Werder-Keeper Andi Reinke im allerletzten Moment den Ball um den Pfosten gelenkt? Thomas Schaaf scheint kaum glauben zu können, was er gerade gesehen hat und schickt ein Stoßgebet zum Himmel.

Die Anspannung ist groß, doch der Trainer ist nicht alleine mit seinen Gefühlsausbrüchen. Wie in einem Menschenzoo muss er sich während der 90 Minuten manchmal vorkommen. Eingesperrt in seinem Auswechselraum, der ihm rund um die Bank nur wenige Meter Platz gibt, um seinen Bewegungsdrang auszuleben. Und beobachtet wird er nicht nur vom ‚Vierten Offiziellen', der jede Grenzüberschreitung ahndet, sondern auch von Zehntausenden Augenpaaren auf der Tribüne. Nicht selten sogar von einer Extra-TV-Kamera, die 90 Minuten lang jeden Wimpernschlag, jede Regung in Großaufnahme registriert.

Fotos: Bongarts / Getty Images

Fotos: imago

Ein Tänzchen, viele Punkte

Freudig erregte Männer unter sich – sie zeigen ihre ganze Spiel-Lust unter den Augen von Zehntausenden. Wenn etwas Zählbares herausspringt – wer kann beispielsweise Leon Andreasen oder Ivan Klasnic dann noch bremsen? Wer will das überhaupt? Elf Freunde und ihre Erfolgsstory – ein Dauerbrenner im Weser-Stadion.

Foto: imago

Foto: imago

Heraus damit: Bremer Energie-Bündel

Starke Männer, starke Szenen – wer Miro Klose und Nelson Valdez (re.) so sieht, der weiß: Weicheier sehen anders aus. Hier kommen Bremer Siegertypen. Keine arroganten Machos – sondern sympathische Profis ‚zum Anfassen'. Sie haben Erfolg: Werders Angriff wird von vielen als beste Sturmreihe der Bundesliga gelobt.

Foto: Carsten Heidmann

Foto: Carsten Heidmann

Stiftung Warentest: Werder-Trikots halten länger

Die Zeitlupe im Fernsehen und die Tele-Objektive der Sportfotografen bringen es an den Tag: Die Arbeitskleidung der Werder-Profis ist heutzutage mehr denn je ungewöhnlich starken Belastungen ausgesetzt. So mancher Profi kennt den zupackenden Griff des Gegners. Deshalb haben Werders Geschäftsführer entschieden: „Wir nehmen nur bestes Material. Gespart wird nicht."
Werders Trikot-Sponsor KAPPA leistet da ganze Arbeit. Nicht umsonst wurde der im Jahr 2000 geschlossene Vertrag mit dem Ausrüster gerade bis 2009 verlängert. Schließlich soll auf dem Platz nichts einreißen.

Augenweide Trikot-Tausch

Großer Fußball vor großer Champions-League-Kulisse: Wenn Barcelonas Ronaldinho und Werders Patrick Owomoyela nach hartem Kampf zum Schluss ihre Trikots tauschen, ist ihnen die Aufmerksamkeit gewiss. Das ist dann auch ein sexy Augenblick für die vielen Kameras.
Noch nie war das Medien-Interesse im Weser-Stadion so groß wie bei dieser Partie. 32 TV-Stationen, 18 Radio-Sender und insgesamt rund 300 Journalisten und Fotografen berichteten aus dem Bremer Weser-Stadion.

Und so mancher weibliche Fan geriet nach dem Schlusspfiff angesichts der nackten Tatsachen ins Schwärmen – und vergaß darüber das Ergebnis: Die Spiele in der ‚Königsklasse' sind eine gewaltige Kraftanstrengung. Doch bei jedem Sieg oder gar dem Erreichen der nächsten Runde gerät das Schwärmen in eine neue Dimension.

Fotos: Bongarts / Getty Images

Foto: Carsten Heidmann

Foto: Carsten Heidmann

Nichts als Ärger?

Schiedsrichter gehören nicht immer zu den Lieblingen der Fußball-Nation. Wenn beispielsweise die Fahne hoch geht und der Abseits-Pfiff in den Ohren der Fans allzu schrill klingt, dann geraten die ‚Unparteiischen' ins Visier. Der Ärger kocht manchmal hoch, und böse Worte fallen. Ein kleines Gedankenspiel mag helfen für ein faires Urteil: Wäre Fußball besser ohne die Herren in Schwarz? – Genau, ins Schwarze getroffen! Deshalb unser Dank an die Schiri-Teams.

Fotos: Carsten Heidmann

Foto: Carsten Heidmann

Der Trainer – dein Freund und Helfer

Fragend sehen sich hier Miro Klose und Ivan Klasnic um. In diesem Moment scheint ihnen ein „Trainer, hilf uns" zu entfahren. Stehen die Übungsleiter dem Geschehen auf dem Spielfeld während der 90 Minuten wirklich machtlos gegenüber? Nein. Die Werder-Profis wissen, dass Thomas Schaaf an der Seitenlinie auch in den hektischsten Situationen den Überblick und einen kühlen Kopf behält. Sein Lieblingsritual: Nach jedem Werder-Treffer holt der Coach noch während des Torjubels einen seiner Spieler zu sich, um ihm wertvolle Tipps zu geben.

Foto: nordphoto

Hungrig nach Erfolg

Große Ereignisse beflügeln, spornen an und treiben zu herausragenden Leistungen. Den Werder-Profis wachsen in dieser Saison regelmäßig Flügel. Denn Highlights gibt es Schlag auf Schlag – Champions League, Bundesliga-Spitzenspiele, K. O.-Partien im DFB-Pokal. Und ‚nebenbei' arbeiten viele Spieler für die Erfüllung eines großen Traumes: die Teilnahme an der Weltmeisterschaft 2006 in Deutschland.

Tim Borowski gehört zu den Werderanern, die die Riesen-Chance haben, eines der begehrten Tickets zu buchen. Mit herausragenden Leistungen im Werder-Trikot hat sich ‚Boro' einen festen Platz im DFB-Team erspielt. Und er ist nicht allein: Kein Klub stellte in den vergangenen Monaten mehr Spieler für die deutsche Nationalmannschaft ab als Werder. Doch nicht nur Jürgen Klinsmann setzt auf Profis der Grün-Weißen. Insgesamt sind 15 Nationalspieler regelmäßig mit ihren Teams unterwegs. Sicher ist: Werder Bremen wird auch bei der WM 2006 eine gute Rolle spielen.

Foto: Carsten Heidmann

Foto: imago

Foto: imago

Foto: imago

Nachwuchsarbeit …

… wird bei Werder großgeschrieben. Nicht nur die Verantwortlichen der Grün-Weißen räumen diesem Thema eine große Bedeutung ein und stecken viel Arbeit in die Förderung junger Talente. Auch die Werder-Profis brauchen sich nicht zu verstecken, denn sie sorgen für jede Menge sportlichen Nachwuchs: Luca Jensen, Moritz Baumann, Luan Klose, Maona Micoud oder Lisa-Katharina Frings (hier auf dem Arm von Papa Torsten) – so könnten die zukünftigen Sportstars in Bremen heißen.

Augenblicke

Ein kugelförmiger Gegenstand überschreitet vollständig eine 7,32 m lange und etwa 10 cm breite Kreidelinie zwischen zwei Aluminiumstangen: Es ist immer wieder erstaunlich, welche Reaktionen dieser offensichtlich simple Vorgang, der nur Bruchteile einer Sekunde dauert, auslösen kann. Egal, was auf dem Platz passiert, die Tore brennen sich besonders ins Gedächtnis. Sie fallen oft überraschend, sind etwas Unberechenbares und in der Lage, jedes noch so gut ausgetüftelte taktische Konzept über den Haufen zu werfen.

Es gibt Treffer, die der Schütze nie vergisst und solche, die er am liebsten noch auf dem Rasen aus der Erinnerung streichen würde. Letztere sind meist Eigentore, wie jenes von Frank Baumann in Mönchengladbach (großes Foto). Überraschung und Entsetzen sind im Moment danach nicht nur dem Werder-Kapitän, sondern auch Torwart Andi Reinke ins Gesicht geschrieben. Doch ‚Baumi' kennt auch die Glücksmomente, wenn der Tor-Jubel der Fans wie Musik in den Ohren klingt.

Fotos: imago

Fotos: Bongarts / Getty Images

Du bist Deutschland

Es gibt Zahlen, von denen viele meinen, dass sie ganz besonders gut die Lage des deutschen Fußballs beschreiben. Zum Beispiel: die Gesamtzahl der Kicker mit deutschem Pass in einem Bundesligakader. Ob diese Quote tatsächlich für Wohl oder Wehe der DFB-Auswahl verantwortlich ist, darüber lässt sich trefflich streiten. Sicher ist: Der Anteil deutscher Profis in den Mannschaften gibt immer wieder Anlass zu Diskussionen.

Werder Bremen gibt jungen (und etwas älteren) deutschen Fußballern eine Chance. Mindestens sechs, meist sogar sieben einheimische Spieler bietet Trainer Thomas Schaaf regelmäßig in der Startelf auf, darunter auch Patrick Owomoyela und Andreas Reinke. Eine tolle Perspektive für die Talente in Werders Leistungzentrum.

Fotos: Carsten Heidmann

Lebe deinen Traum!

Als Kind stand der kleine Christian S. in der Ostkurve des Weser-Stadion. Alle 14 Tage packte ihn Papa ins Auto. Und dann ging's regelmäßig 30 Kilometer weit aus Bassum nach Bremen, um die Werder-Stars zu bejubeln. Bundesliga-Tage waren Festtage. Wie Tausende anderer Jungs hatte der kleine Werder-Fan einen großen Traum: Einmal unten auf dem Rasen stehen und mitkicken. Das war zu Beginn der 90er-Jahre.

Heute ist Christian S. groß. Er kommt immer noch ins Weser-Stadion. Nicht mehr mit Papa. Und er steht nicht mehr in der Ostkurve, sondern auf dem Rasen. Der Traum hat sich erfüllt. Eine besondere Beziehung zum Fan-Block hat ‚Schulle' immer noch. Wenn er am Ball ist, ertönen die durchdringenden ‚Schuuuuulz'-Rufe. Bundesliga-Tage sind immer noch Festtage – besonders im Weser-Stadion. Und Werder-Fan ist der Nationalspieler, der seit 1995 für Werder kickt, auch noch. Bis 2008 hat er sich an die Grün-Weißen gebunden.

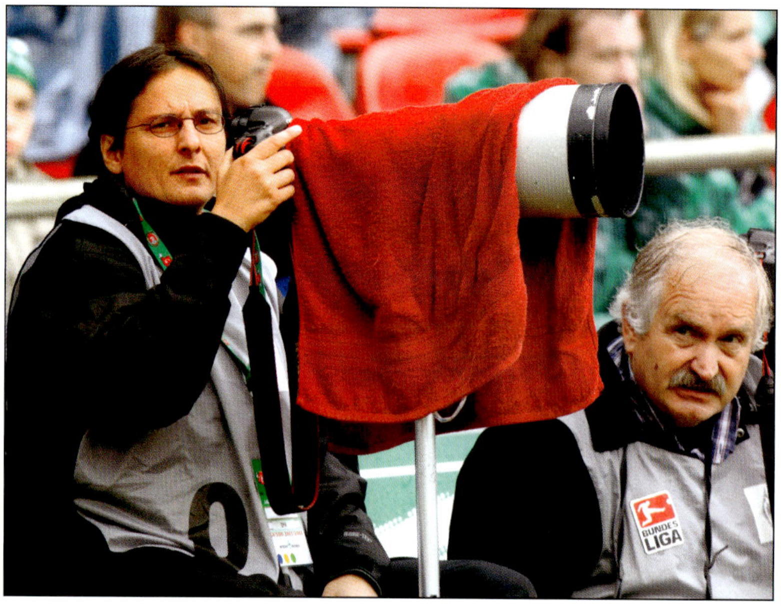

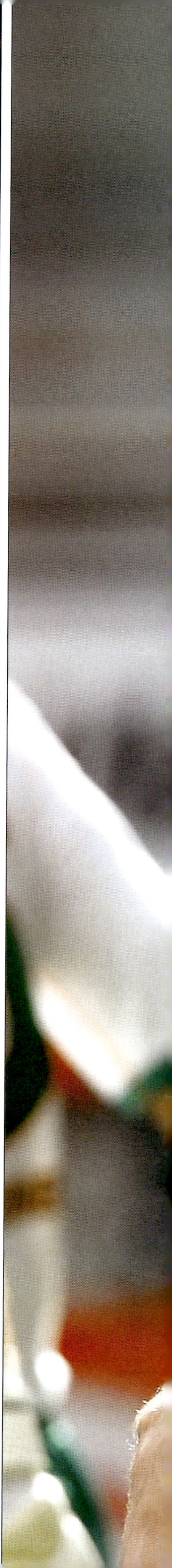

Foto: imago

Nur von hinten

... sehen die Gegner häufig die Werder-Profis – auf dem Spielfeld und auch in der Bundesliga-Tabelle. 119 Mal standen die Grün-Weißen seit Gründung der Liga bereits nach einem Spieltag an der Spitze, nach Bayern und Gladbach am häufigsten. Vier Mal davon nach dem letzten Spieltag (1965, 1988, 1993, 2004). Ein guter Plan für diese Saison, nun das fünfte Mal folgen zu lassen.

Fotos: Carsten Heidmann

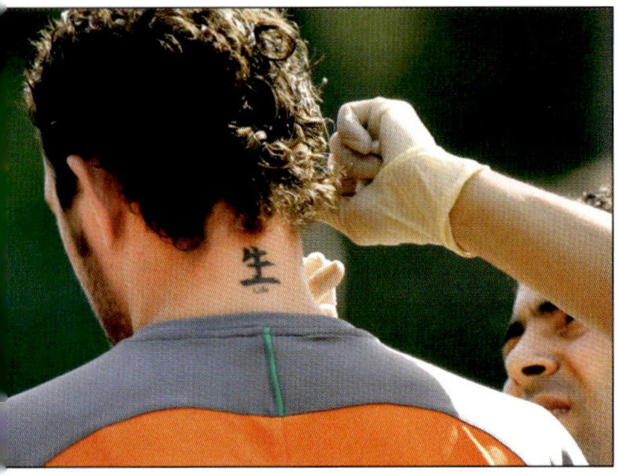

Die Mischung macht's

Fotos: Bongarts / Getty Images

Niedergeschrieben ist es nirgendwo – das ultimative Rezept für eine Fußballmannschaft. Doch Werders sportliche Leitung weiß, wie unterschiedlichste Zutaten einen attraktiven Mix ergeben: eine große Portion Routine, etwas jugendliche Unbekümmertheit, dazu jede Menge fußballerische Klasse.

Genau 24,64 Jahre war Werders Bundesliga-Kader vor dem ersten Saisonspiel im August durchschnittlich alt. Und ob WM-Teilnehmer (wie hier Ümit Davala) oder aufstrebender Nationalspieler (wie hier Leon Andreasen) – Werders ‚alte Hasen' spielen den perfekten Doppelpass mit ihren jungen Kollegen.
In allen Mannschaftsteilen geben sie ihre Erfahrung weiter.

Foto: Carsten Heidmann

Perfekte Welle

Ist es eigentlich schlecht, wenn die Werder-Saison in Wellen verläuft? Nein. Ob ‚La Ola' der Fans im Rund des Weser-Stadions oder die Jubel-Welle der Mannschaft vor der Ostkurve – eine Woge der Begeisterung umgibt die Grün-Weißen.

Fotos: Imago

Foto: Carsten Heidmann

Jubel im Großen und im Kleinen

Immer wieder faszinierend: die großartige Kulisse im Bremer Weser-Stadion. Wenn mehr als 40.000 Fans gut drauf sind, kann sich kaum jemand diesem Schauspiel entziehen. Auch nicht die Profis auf dem Platz. Welche Kräfte der ‚12. Mann' entfalten kann – der Gegner wird's schon wissen.

Fotos: imago

Reizvolle Perspektive

Werder ist in – nicht nur bei den Fans, sondern auch bei den Fußball-Profis. Denn sie wissen: In Bremen stimmt die Perspektive. Man kann es drehen und wenden, wie man will: Wer in der Bundesliga oben mitspielen und sich international beweisen will, der ist bei Werder richtig. So wie Nelson Valdez, der sich mit tollen Leistungen bei den Grün-Weißen in die Nationalmannschaft Paraguays spielte und der sein Auswahlteam mit seinem Treffer gegen Venezuela zur WM schoss – glänzende Aussichten für 2006.

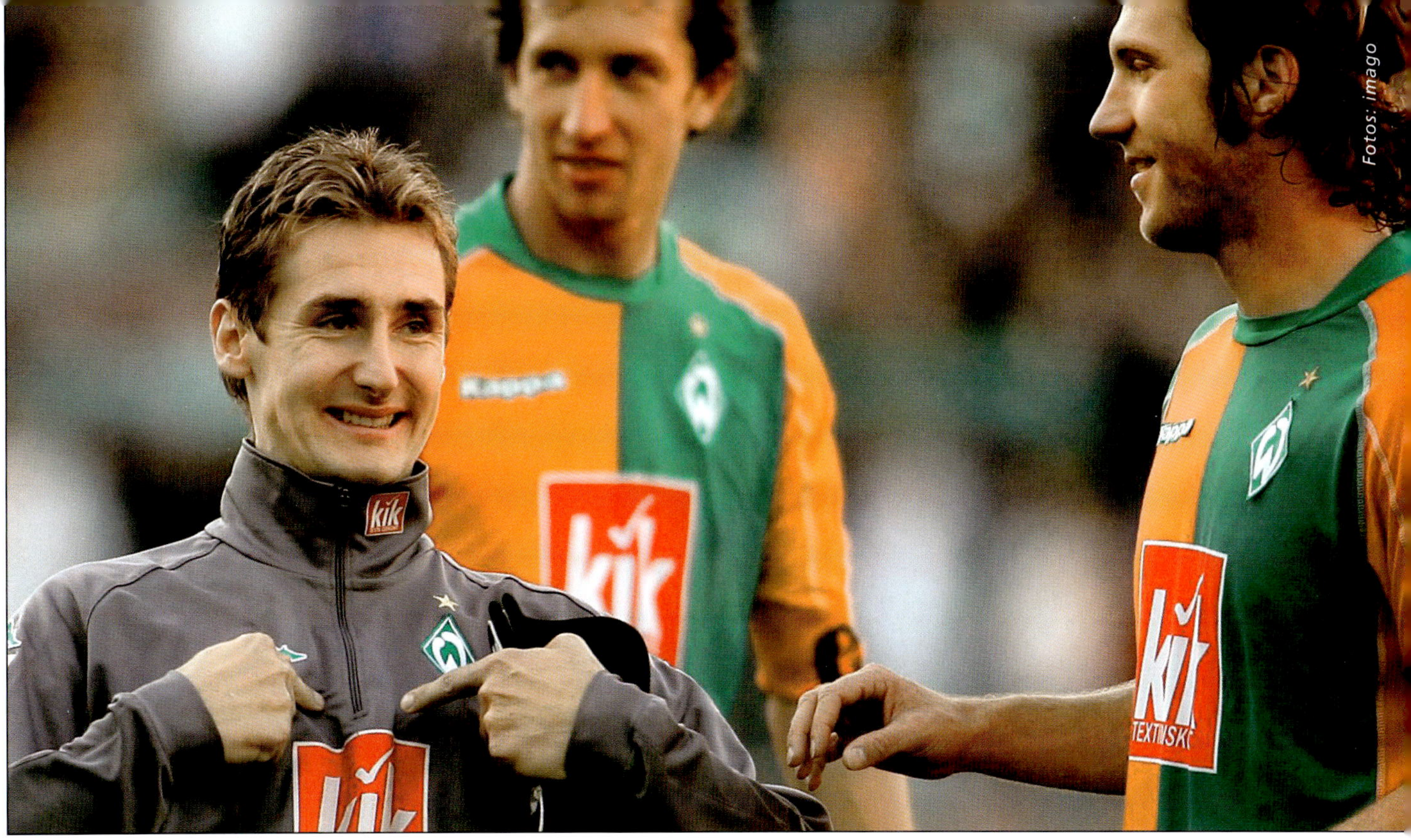

Fotos: imago

Fotos: Bongarts / Getty Images

Angriffslustig

Seht her, hier kommt das erfolgreichste Angriffs-Duo der Bundesliga: Miro Klose und Ivan Klasnic freuen sich ‚diebisch' über ihre Treffsicherheit. Besondere Gesten haben die beiden eigentlich nicht nötig, um auf sich aufmerksam zu machen. Sie lassen Tore sprechen und ziehen so die Blicke auf sich. Egoismus ist ihnen fremd. Sich gegenseitig Tore aufzulegen, macht ihnen fast ebenso viel Spaß, wie selbst zu treffen.

GEILES MIXSTÜCK

HIT-RADIO ANTENNE – DER NEUE MIX

Fotos: imago

Charakterköpfe

Wer in die Gesichter der Werder-Profis Frank Baumann, Miro Klose und Torsten Frings schaut, kann sie nachempfinden – die große Anspannung vor dem Anpfiff, bevor sich alle Energie in Zweikämpfe, Kopfbälle, Laufduelle und hoffentlich Torjubel entlädt.

Volle Konzentration auf 90 packende Minuten – die Gedanken kreisen ausschließlich um den Ball. Bis nach dem Abpfiff die Anspannung abfällt und nicht nur bei Sportdirektor Klaus Allofs die Siegesfreude die Oberhand gewinnt.

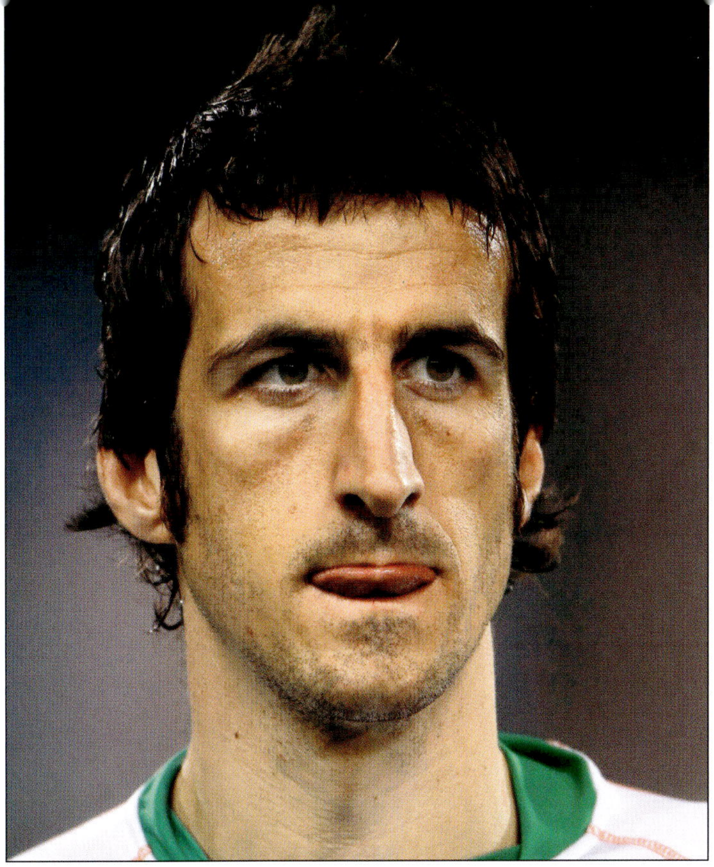

Charakterköpfe

Trainer Thomas Schaaf freut sich über die starken Charaktere in seiner Mannschaft. „Es muss nicht nur sportlich, sondern auch menschlich passen", lautet ein wichtiges Kriterium der sportlichen Leitung bei der Auswahl neuer Spieler für Werder Bremen. Dabei sind unterschiedlichste Spielertypen durchaus erwünscht. Denn Thomas Schaaf gelingt es glänzend, sie zum Erfolg der Mannschaft einträglich zusammenzubringen und für die gemeinsame Sache ‚Werder Bremen' zu gewinnen.

Alle Spieler der Saison 2005/06

1 **Andreas Reinke**

2 **Frank Fahrenhorst**

3 **Petri Pasanen**

4 **Naldo**

5 **Ümit Davala**

6 **Frank Baumann**

7 **Jurica Vranjes**

9 **Nelson Valdez**

10 **Johan Micoud**

Fotos: Bongarts / Getty Images

Alle Spieler der Saison 2005/06

11 Miroslav Klose

14 Aaron Hunt

15 Patrick Owomoyela

16 Leon Andreasen

17 Ivan Klasnic

18 Tim Wiese

19 Pekka Lagerblom

20 Daniel Jensen

22 Torsten Frings

Fotos: Bongarts / Getty Images

Anpfiff; gibt es, wenn man den falschen Telefon-anbieter nutzt.
Es gibt viele Gründe, sich für einen Telefonanschluss der EWE TEL zu entscheiden. Günstige Preise, schnelle DSL-Anschlüsse, attraktive Mobilfunktarife und persönliche Beratung vor Ort.
Infos unter:
www.ewetel.de oder
0800 0101400
EWE
TEL
in|corporate

Alle Spieler der Saison 2005/06

23 Jelle van Damme

24 Tim Borowski

26 Florian Mohr

27 Christian Schulz

28 Francis Banecki

30 Kasper Jensen

33 Christian Vander

35 Marco Stier

12 WIR: Die Fans

Foto: nordphoto

Fotos: Bongarts / Getty Images

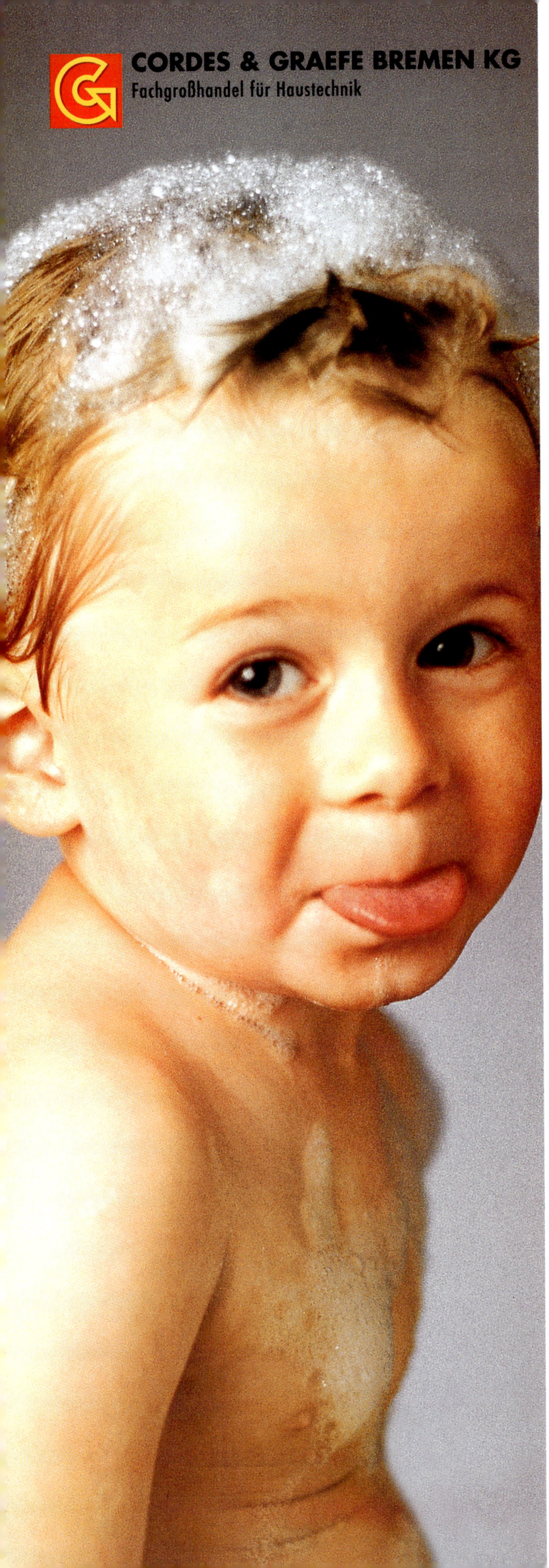
CORDES & GRAEFE BREMEN KG
Fachgroßhandel für Haustechnik

Die KiK-Textilien und Non-Food GmbH weiter auf Erfolgskurs!

Jeden Verkaufstag eine neue Filiale – über 720 neue Auszubildende eingestellt – komplett einkleiden unter 30,- Euro – Hauptsponsor des Bundesligisten Werder Bremen – das ist KiK!

Glückliche Gewinnerin: Monique Schulz (hier mit KiK-Geschäftsführer Heinz Speet) gewann einen VW Lupo.

Werbeartikel von KiK sind heiß begehrt.

KiK-Geschäftsführer Heinz Speet gab die Gewinner der Verlosung bekannt.

KiK gehört zu den umsatzstärksten Unternehmen im textilen Diskontbereich und vertreibt Damen-, Herren-, Kinder-, und Babybekleidung sowie Wäsche, Strümpfe und verschiedene Non-Food- sowie Heimtex-Artikel. Das Konzept, gute Qualität zum vergleichbar günstigsten Preis anzubieten, hat sich bewährt. „Komplett einkleiden unter 30,- Euro" heißt die Devise. Wer's nicht glaubt, sollte es ausprobieren!

Die erst 1994 gegründete KiK-Textilien und Non-Food GmbH mit Sitz im westfälischen Bönen betreibt mittlerweile über 1.900 Filialen in Deutschland und Österreich. Erklärtes Ziel der Expansion bei KiK ist es, das Filialnetz weiter zu verdichten und mittelfristig alleine 3.000 eröffnete Filialen in Deutschland zu zählen. Das bedeutet zwischen 250 und 300 Neueröffnungen pro Jahr!

Karriere im Kopf?

„Unser hohes Expansionsvolumen bedingt, dass ausreichend Nachwuchskräfte ausgebildet werden. Denn die Erfahrung hat gezeigt, dass der Weg, sich den eigenen Nachwuchs heranzuziehen, sehr erfolgreich ist", so der Gründer und Vorsitzende der Geschäftsführung Stefan Heinig. „Allein im Jahr 2005 haben über 720 junge Menschen bei KiK eine Ausbildung begonnen. Damit beschäftigt KiK aktuell über 1.260 Auszubildende, die in 12 verschiedenen Berufen ausgebildet werden, und gibt ihnen so die Möglichkeit für eine sichere berufliche Zukunft."

Die „Spezialität" des Unternehmens im Bereich Ausbildung ist die 3-jährige Aus- und Fortbildung zum geprüften Handelsassistenten, die sich insbesondere an Abiturienten richtet und eine adäquate Alternative zum Studium darstellt. Nach 18 Monaten wird bereits die Prüfung zum/zur Kaufmann/-frau im Einzelhandel abgelegt. Nach weiteren 18 Monaten Fortbildung erwirbt der Auszubildende den IHK-Abschluss zum geprüften Handelsassistenten/Einzelhandel, mit dem bei KiK die verschiedensten Einsatz- und Entwicklungsmöglichkeiten gegeben sind – dabei kann es sich um den Vertrieb oder einen Aufgabenbereich in der Unternehmenszentrale handeln.

Der Erfolg gibt KiK recht: Viele der ehemaligen Auszubildenden zum Handelsassistenten finden sich heute in verantwortungsvollen Führungspositionen wieder.

Erwartungen erfüllt?

Seit der Saison 2004/05 ist KiK Hauptsponsor von Werder Bremen – und das mit Erfolg! Umfragen ergeben, dass der Bekanntheitsgrad durch dieses Sponsoringengagement nochmals um 15 % auf 61 % gesteigert werden konnte und der Diskonter als viertbekanntester Trikotsponsor der Bundesliga genannt wurde.

Das Ziel, die Marke KiK noch bekannter zu machen und Imagewerte weiter zu steigern, ist somit aufgegangen. Dies lag nicht zuletzt an den zahlreichen Stadionaktionen und Autogrammstunden in KiK-Filialen in und um Bremen.

Wir freuen uns auf eine weiterhin gute Zusammenarbeit!

Erklärtes Ziel der Expansion bei KiK ist es, das Filialnetz weiter zu verdichten und mittelfristig alleine 3.000 eröffnete Filialen in Deutschland zu zählen.

Kleidung clever kaufen

Werder Bremen Partner

Werder spielt bis 2009 in KAPPA

Werder Bremen und KAPPA haben ihre erfolgreiche Partnerschaft um weitere drei Spielzeiten bis zum Ende der Saison 2008/09 verlängert. KAPPA, der internationale Sport- und Freizeitmodehersteller mit italienischer Herkunft, wird auch in Zukunft den national und international äußerst erfolgreichen Nordclub ausstatten.

Die hautnahe Beziehung zwischen KAPPA und Werder Bremen wurde in der Saison 2000 begründet. Auffällig waren schon zu dieser Zeit die außergewöhnlich innovativen Designideen und die körperbetonte Schnittform der Trikots. Mit der nun fünften Evolutionsstufe der Trikots mit dem bezeichnenden Namen „Kool Kombat" zählt dieser Artikel bei den Fans zu den begehrtesten Sammlerobjekten.

Auch für die nächsten drei Spielzeiten werden wir gemeinsam mit Werder Bremen wieder spektakuläre Spiel- und Trainingsoutfits entwickeln.

Die Sportmodemarke KAPPA wurde 1967 in Italien gegründet. Das weltweit bekannte Firmenlogo entstand bei einem Fotoshooting, als sich zwei Models, Rücken an Rücken sitzend, vom Studiostress erholten. Heute steht dieses Logo symbolisch für die gegenseitige Fairness und Anerkennung im Sport und bei den alltäglichen Herausforderungen. Als weltweit agierende Sportmodemarke setzt sich KAPPA für diese positive Grundhaltung ein, die mit dem Slogan „Bleib sportlich" bzw. „be a good sport" kommuniziert wird.

Im Norden zu Hause

... das gilt für Werder Bremen wie für Haake-Beck gleichermaßen. Haake-Beck ist eines der führenden Biere in Bremen/Weser-Ems und engagiert sich in Bereichen, die bei den Menschen in der Region einen hohen Stellenwert genießen.

Emotionen, Spaß, Unterhaltung und Geselligkeit verbinden erstklassigen Fußball und hochwertigen Biergenuss. Nicht nur deshalb ist die langjährige Partnerschaft zwischen dem Verein und Haake-Beck so erfolgreich. Es gab in den letzten Jahren viele Anlässe für die Fans der Grün-Weißen, die Erfolge mit Haake-Beck zu feiern – ob den Gewinn von (Vize-)Meisterschaften, Pokalsiege, unvergessene UEFA-Cup- und Champions-League-Nächte oder sehenswerte Tore in der Bundesliga.

Die enge Zusammenarbeit der beiden Sympathieträger erstreckt sich auch auf andere Aktivitäten, wie zum Beispiel den Tag der Fans. Trainer Thomas Schaaf ist zudem Taufpate des im letzten Jahr eingeführten Haake-Beck 25er-Kastens. Die aktuelle Haake-Beck Treuepunktaktion ist nicht nur für Werder-Fans attraktiv. Viele Konsumenten nutzten die Möglichkeit und tauschten die Kronkorken gegen hochwertige Artikel, wie das Trikot der Grün-Weißen oder den 2-Liter-Pokal mit den Unterschriften der Double-Mannschaft ein (Aktionsende: 31. Dezember 2005).

Haake-Beck wünscht Werder Bremen auch weiterhin viel Erfolg und den Fans viele Gründe zum Anstoßen mit einem frischen Haake-Beck.

betandwin & Werder: Ganz großer Sport!

Werder Bremen und betandwin: eine Partnerschaft, die von beiden Parteien bewusst gelebt wird.

Während Deutschlands größter privater Sportwettenanbieter als Co-Sponsor im Weser-Stadion mit zwei Banden und zwei Cam Carpets prominent vertreten ist, unterstützt Werder Bremen aktiv die von betandwin ins Leben gerufenen Aktionen „SUPERMATCH" und „Trikots für Deutschland".

Im Rahmen von Werders Saisonvorbereitung auf Norderney ging für den Kreisligisten SV Niederkassel beim betandwin „SUPERMATCH" gegen die Grün-Weißen vor 4.000 Zuschauern ein Traum in Erfüllung.

Mit der Aktion „Trikots für Deutschland" (www.betandwin.de/trikot) unterstützt betandwin zudem gezielt den Amateurfußball: „Durch die Bereitstellung günstiger und hochwertiger Fußballausrüstung entlastet betandwin aktiv die Etats der Amateur- und Hobbymannschaften und fördert damit entscheidend die Fußball-Basis", sagt Werder-Manager Klaus Allofs.

Unter www.betandwin.de finden alle Werder-Fans darüber hinaus eine riesige Auswahl an Sportwetten: Über 5.000 Wetten aus 50 verschiedenen Sportarten lassen garantiert keine Langeweile aufkommen. Neben Einzel-, System-, Kombi- oder Langzeitwetten bietet betandwin.de als besonderes Highlight die L!VE-Wette. Wetten per Handy sind zudem unter wap.betandwin.de möglich.

Water is our element. Shipping is our business. Soccer is our passion.

Als BELUGA-Geschäftsführer Niels Stolberg 1999 den ersten Neubau auf den Namen „Werder Bremen" taufen ließ, bewies er damit nicht nur seine Leidenschaft für den Fußball, sondern vor allem die Verbundenheit zum Fußballverein Werder Bremen. Das Container-Feeder-Schiff MS „Werder Bremen" trägt aber nicht nur den Vereinsnamen, es wurde außerdem in den Vereinsfarben lackiert. Der Wunsch, die Werder Elf um Trainer Thomas Schaaf auch aktiv beim Erreichen der sportlichen Ziele zu unterstützen, war für den Reeder der „Anstoß" für das Engagement bei Werder Bremen.

Seit der Gründung der Beluga Shipping GmbH (1995) steuert Niels Stolberg die Aktivitäten der Unternehmensgruppe vom Firmensitz an der Bremer Schlachte aus. Zur Beluga Group gehören auch die Beluga Chartering GmbH und die Beluga Fleet Management GmbH & Co. KG. Das Leistungsspektrum umfasst neben der Befrachtung, dem Operating und der Bereederung der eigenen Flotte die Bereiche Projektentwicklung und weltweite Transportlösungen für Projekt- und Schwergutschifffahrt. Zusammen mit den Niederlassungen in Rotterdam, São Paulo, Beijing, Shanghai und Houston verfügt die Beluga Group inzwischen über 120 Mitarbeiter an Land und 1.200 an Bord. Bis 2007 setzt die erfolgreiche Tramp-Reederei ihren Expansionskurs weiter fort und verstärkt die eigene Flotte von derzeit 30 Einheiten mit weiteren Schiffsneubauten.

www.kraftfoods.de
Aktiv leben
Kraft Foods engagiert sich für einen ausgewogenen Lebensstil – besonders bei Kindern und Jugendlichen. Zu den Zielen unseres breit angelegten Unternehmensprogramms gehört es, Nährwertprofile unserer Produkte weiter zu verbessern, Marketingaktivitäten in Einklang mit unserer Verantwortung zu bringen, ein umfassendes Informationsangebot für Konsumenten zu Ernährungs- und Bewegungsfragen bereitzustellen sowie einen konstruktiven Dialog mit allen Beteiligten zu führen. Mehr unter www.kraftaktivleben.de.
KraftAktivLeben.de
Mitglied bei
peb
Plattform Ernährung und Bewegung e.V.
Wittsiepe & Kussmaul
KRAFT
Kraft Foods

Werder Bremen Partner

Starker Partner von Werder Bremen

Die Coca-Cola Organisation fühlt sich überall dort, wo sie Geschäfte betreibt, auch für das gesellschaftliche Umfeld verantwortlich. Das drückt sich in einer Vielzahl von Aktivitäten aus. So ist Coca-Cola als starker Sponsoringpartner aus vielen Bereichen des öffentlichen Lebens nicht mehr wegzudenken. Insbesondere sind das der Sport, die Musik und der Jugendbereich.

Das Engagement von Coca-Cola im Fußball besitzt eine lange Tradition. Dabei steht für Coca-Cola nicht nur das Engagement im Spitzensport im Vordergrund, auch im Jugend- und Nachwuchsbereich ist das Unternehmen Partner des Sports, der Sportler und der Fans. Bereits bei der ersten Fußball-WM 1930 in Uruguay war Coca-Cola mit am Ball. Im Jahr 1998 hat die FIFA mit der Konzernzentrale in Atlanta einen umfangreichen Vertrag für die WM 2002 und für 2006 in Deutschland abgeschlossen. Auch bei der EURO 2004 in Portugal war Coca-Cola in allen Stadien vertreten, um die Fans eiskalt zu erfrischen. Was weltweit funktioniert, ist in Deutschland ein Heimspiel. Seit über 25 Jahren engagiert sich die deutsche Coca-Cola Organisation, gemeinsam mit dem DFB, auch im heimischen Fußballgeschehen. Die zunehmende Professionalität auf Seiten der Ligen, eine steigende Medienpräsenz und stetig wachsende Zuschauerzahlen lassen dem Fußball zunehmend gesellschaftliche, wirtschaftliche und kommunikative Bedeutung zukommen. Mit Werder Bremen verbindet Coca-Cola seit vielen Jahren eine gute und erfolgreiche Partnerschaft. Auch für die laufende Saison drücken die Mitarbeiter von Coca-Cola Trainer Thomas Schaaf und seinem Team fest die Daumen und wünschen viel Erfolg.

Telekommunikationspartner von Werder Bremen

Die EWE TEL GmbH ist offizieller Telekommunikationspartner von Werder Bremen. Bereits seit Jahren kooperieren der große regionale Kommunikationsspezialist, der auch in einem Büro-Turm im Weser-Stadion ansässig ist, und der erfolgreiche Club miteinander. Sowohl die Werder-Geschäftsstelle als auch etliche Außenstellen, wie zum Beispiel Fan-Shop oder Fußballplätze, sind an das moderne EWE TEL-Telekommunikationsnetz angeschlossen. Und beim mobilen Telefonieren vertraut Werder ebenfalls auf EWE TEL. Viele Fußball-Profis haben auch privat einen EWE TEL-Anschluss – die meisten Kicker surfen hierbei zudem mit DSL-Geschwindigkeit durchs Internet.

Für Werder-Fans, die sich gerne auch nach den Bundesliga-Partien intensiv austauschen wollen, ist der „Hallo Nachbar-Tarif" von EWE TEL besonders attraktiv: „Hallo Nachbar" ermöglicht kostenfreie Gespräche zu allen anderen EWE TEL-Kunden – da kann man dann stundenlang über Taktik, Aufstellungen und Tore philosophieren, ohne einen Cent für das Gespräch zu bezahlen.

EWE TEL bietet in über 250 Städten und Gemeinden in Niedersachsen, Bremen und Brandenburg den Telefonanschluss und weitere Dienste an, wie z. B. Internetleistungen, Festverbindungen und modernste Rechenzentrumdienste. Das Unternehmen wurde 1996 mit vier Mitarbeitern gegründet – heute sind es bereits rund 900.

Fitness & richtige Ernährung für Kinder: Werder & Kraft Foods

Den perfekten Doppelpass zelebrieren Werder Bremen und Kraft Foods Deutschland. Gemeinsam mit der Deutschen Schulsportstiftung haben Werder und Kraft eine Healthy Living-Initiative für Kinder und Jugendliche gestartet. Dieser Aktion hat sich auch die AOK angeschlossen. Einen wichtigen Bestandteil bildet die bei Werder veranstaltete Fortbildungsreihe, die sich an Vereine und Schulen richtet. Und das erste „Zwischenergebnis" ist Beleg für die „richtige Taktik". Mehr als 600 Trainer und Lehrer haben mittlerweile an der Fortbildung bei Werder teilgenommen, die ein zentrales Anliegen verfolgt: die Gesundheit von Kindern durch Bewegung und richtige Ernährung.

Basis für die erstmals im Oktober 2004 durchgeführten Fortbildungsveranstaltungen, bei denen Lehrer und Trainer ihr erworbenes Wissen an die Jugendlichen weitergeben sollen, bildet die Unterrichtsmappe „Fit und gesund durch Bewegung und richtige Ernährung", die von Kraft Foods und der Deutschen Schulsportstiftung erstellt wurde. Das Werder-Projekt „100 Schulen – 100 Vereine" ist die ideale Ergänzung der Kraft-Initiative. Werders Anliegen, für den Jugend-Fußball zu werben, ist ebenso erfüllt wie das Kraft-Bestreben bezüglich einer gesunden Ernährung.

Da ist es naheliegend, dass das Dream-Team auch in der nächsten Saison zusammen spielt. Werder und Kraft kämpfen gemeinsam für Fitness und richtige Ernährung bei Kindern!

Der Langnese Familienblock bei Werder Bremen

Bereits seit 5 Jahren ist Langnese offizieller Partner des Traditionsclubs Werder Bremen und Namensgeber des Langnese Familienblocks. Langnese hat dieses Konzept entwickelt, um den Stadionbesuch für Familien noch attraktiver zu gestalten und mehr junge Fans anzuregen, die Spiele und ihre Lieblingsspieler „live" im Stadion zu erleben.

Im Langnese Familienblock haben die Fans die Möglichkeit, Karten für ihre Kinder zu einem ermäßigten Preis zu erwerben. Bei allen Heimspielen der Werder-Elf können sich die Fans im Langnese Familienblock bereits vor dem Spiel in die richtige Stimmung bringen, indem sie sich von professionellen Promoterinnen mit dem grün-weißen Vereinslogo schminken lassen. Ferner bietet der Langnese Familienblock häufig kleine Überraschungsaktionen und Gewinnspiele im WERDER-Magazin.

Mit seinem Engagement möchte Langnese dazu beitragen, dass sich das Fußballereignis zu einem Familienereignis entwickelt und der „Fußball-Funke" auch auf Familien und Kinder überspringt.

Langnese steht als Marke für gute Laune und Spaß. Das Ereignis, Fußball ganz nah am Geschehen zu erleben, ist das richtige Umfeld, diese Eigenschaften zu vermitteln.

ALLE FÜR WERDER
VILSA FÜR ALLE
MITSPIELEN –
MITGEWINNEN!
Das VILSA Bundesliga Tippkick-
Spiel unter www.vilsa.de
Mineralwasser-Fruchtsaftgetränk
VILSA
SPORT
SCHORLE
+ VITAMIN C
+ CALCIUM
+ MAGNESIUM
Apfel-Grapefruit-Fruchtsaftgetränk
Fruchtsaftgehalt: 55%
Ohne Süßstoffe
Ohne Zuckerzusatz
VON WERDER BREMEN
VILSA · Die kostbare Quelle
VILSA-BRUNNEN O. Rodekohr GmbH & Co. KG · 27305 Bruchhausen-Vilsen · Tel. 0 42 52/3 92 – 0 · Fax 0 42 52/3 92 – 270 · www.vilsa.de

Werderaner machen immer eine gute Figur – nicht nur auf dem Fußballfeld

Bereits seit neun Jahren ist ROY ROBSON der offizielle Herrenausstatter von Werder Bremen. In enger Zusammenarbeit zwischen dem Verein und ROY ROBSON werden jede Saison die kompletten Outfits zusammengestellt. Denn gute Qualität sowie optimale Passform sind gerade auf langen Reisen zu Auswärtsspielen unerlässlich.

„Uns ist es wichtig, dass sich ein junger Spieler in dem ausgesuchten Outfit genauso wohlfühlt und wieder erkennt wie ein Geschäftsführer von Werder Bremen", so Heiko A. Westermann, Geschäftsführender Gesellschafter von ROY ROBSON.

ROY ROBSON ist bereits seit Jahrzehnten ein Synonym für internationale Männermode gehobener Qualität, die sich durch optimale Passform und Verarbeitung auszeichnet.

Von Lüneburg aus in die ganze Welt. So liefert ROY ROBSON seine Mode in alle europäischen Metropolen und natürlich auch in alle Großstädte Deutschlands.

swb fördert Leistungsorientierung im fairen sportlichen Wettbewerb

Sport vermittelt Dynamik, Sport weckt Emotionen. Die körperliche und die mentale Fitness des einzelnen Sportlers oder eines Teams entscheiden über die Platzierung im Wettbewerb.

Die Zielrichtung unseres Sportsponsorings besteht darin, die Dynamik und die Leistungsorientierung von Einzelpersonen, Teams und Mannschaften im fairen sportlichen Wettbewerb nachhaltig zu fördern. Deshalb engagieren wir uns in ausgewählten Sportarten des Spitzen- und Breitensports, wie Amateurradsport (Team swb), Fußball (Werder Bremen) und Laufsport (swb-Marathon).

Besondere Akzente setzen wir in der Jugendsportförderung, zum Beispiel bei den Jugendmannschaften der Bremen Roosters (Basketball).

Werder-Land ist VILSA-Land

VILSA-BRUNNEN ist ein Mineralbrunnen-Betrieb mit Sitz in Bruchhausen-Vilsen, einem Luftkurort in einer von Wald umgebenen Landschaft am Rande des hohen Geestrückens im Norden Deutschlands.

VILSA ist ein Unternehmen, das die Grundlage seiner wirtschaftlichen Tätigkeit von der Natur erhält. Vor Tausenden von Jahren, im Verlauf der letzten Eiszeit, entstand tief in der Erde eine geologische Formation, der wir ein ganz besonderes Mineralwasser verdanken: rein und kostbar wie die ursprüngliche Natur. Auf langem Weg durch verschiedenartige Gesteinsschichten in die unberührte Tiefe reifte VILSA zu einem wertvollen Wasser heran. Dieses Mineralwasser ist von einer mächtigen undurchlässigen Tonschicht überlagert – vor äußeren Einflüssen geschützt.

VILSA Mineralwasser hat sich mit seinem hervorragenden Geschmack in Norddeutschland zum Mineralwasser Nr. 1 entwickelt, so wie sich auch Werder Bremen zur Nr. 1 im Norden entwickelt hat. Somit ist klar, dass „Werder-Land" gleich „VILSA-Land" ist.

Werder Bremen Sponsoren-Pool Saison 2005/06

Hauptsponsor

Team-Ausrüster

Co-Sponsoren

Team11-Partner

Partner-Sponsoren

Supplier

Werder Bremen und seine Medien

Der grün-weiße Lesestoff – Vielfalt für alle Werder-Fans

Achtung Werder Fans! Ab dieser Saison gibt es noch mehr Lesestoff für alle Grün-Weißen: Neben WERDER Magazin und dem offiziellen WERDER Jahrbuch erscheint künftig zum Saisonende das „Saisonabschluss-Magazin"! Es umfasst einen umfangreichen Statistikteil und natürlich alle Spiele – alle Tore der abgelaufenen Saison. Also noch mehr Infos – noch mehr Seiten – noch Grün-Weißer!

Alle Spiele – alle Tore, die gesamte Statistik der Saison und weitere spannende Infos im **Saisonabschluss-Magazin!** (erscheint nach Saisonende)

Alle Infos über Spieler der neuen Saison im **Saisoneröffnungs-Magazin!** (erscheint zum Saisonstart)

Alles Wissenswerte über Spieler und Spiele während der Saison im **WERDER Magazin!** (erscheint zweimal im Monat)

Die packendsten Augenblicke der Saison festgehalten im **WERDER Jahrbuch!** (erscheint jährlich Mitte November)

Werder im Internet – Anstoß für werder.de

Mehrmals täglich werden Werders Internetseiten aktualisiert.

Wechsel bei Werder Bremen. Der Bundesliga-Klub hat sich im Internet deutlich verstärkt. Zum Saisonstart gab Mediendirektor Tino Polster den Transfer von werder-online.de zu werder.de bekannt. Ein völlig neuer Internet-Auftritt des Bundesliga-Klubs. Eine neue, benutzerfreundliche Marke, die mit eigenem Logo künftig im Werder-Erscheinungsbild noch besser zu sehen sein wird. „Der gesamte Auftritt im Netz ist klarer, informativer und emotionaler", so Polster.

Vor allem ‚fürs Auge' hat werder.de Neuerungen parat. „In einem tiefgrünen, edlen Grunderscheinungsbild präsentieren wir viel mehr Fotos. So ist das großflächige, thematisch passende Bild auf jeder Seite ein Erkennungsmerkmal unseres Auftritts", erklärt der Mediendirektor. „Wir bieten ein Werder-Album mit vielen Informationen. Diese präsentieren wir auch weiterhin aus erster Hand durch die hauseigene Online-Redaktion um Michael Rudolph."

Doch auch inhaltlich hat der neue Auftritt einige Überraschungen zu bieten: Fast jede Meldung hält thematisch passende Links bereit. „Es soll eine Einladung zum Surfen sein. Wer will, kann tief in die kurzweilige Werder-Welt eintauchen", so Polster.

Übersichtlicher geworden ist der Profi-Bereich. Unter dem neuen Punkt „Wettbewerbe" sind alle Informationen zu den einzelnen Spielen schnell abrufbar. Der neue Live-Ticker von werder.de kommt nun bei allen Spielen, die nicht live im TV übertragen werden, zum Einsatz.

Seit der Premiere des offiziellen Internet-Auftritts der Grün-Weißen im Jahr 1996 gehört Werder zu den Vorreitern in diesem Bereich. Die Besucherzahlen schießen kontinuierlich in die Höhe. Und das Interesse steigt weiter. Für den technischen Dienstleister, den langjährigen Partner Westermann GmbH, eine ständige Herausforderung. Auf die Neugier der Fans beim Relaunch war man vorbereitet. Seit Anfang August 2005 sind die Server von werder.de mit einer 16 Mbit-Glasfaserleitung aufgerüstet worden. Der Ansturm kann weitergehen.

Foto: Bremer Weser-Stadion GmbH

Anfahrt

Mit öffentlichen Verkehrsmitteln
Ab Hauptbahnhof: Richtung Sebaldsbrück (Straßenbahnlinie 10); ab Stadtmitte: Richtung Weserwehr (Linie 2 und 3); Sonderbusse aus allen Stadtteilen (Eintrittskarte = Fahrausweis).

Mit dem Auto
(A 1) Aus Richtung Hamburg: Ausfahrt Hemelingen; aus Richtung Osnabrück: Ausfahrt Arsten;
(A 27) aus Richtung Bremerhaven und aus Richtung Hannover: Ausfahrt Vahr. Folgen Sie den Hinweisen und nutzen Sie den Park- und Ride-Service der BSAG (überall gut ausgeschildert).

Die Eintrittskarten gelten als Fahrausweis (VBN-Ticket im Preis enthalten).

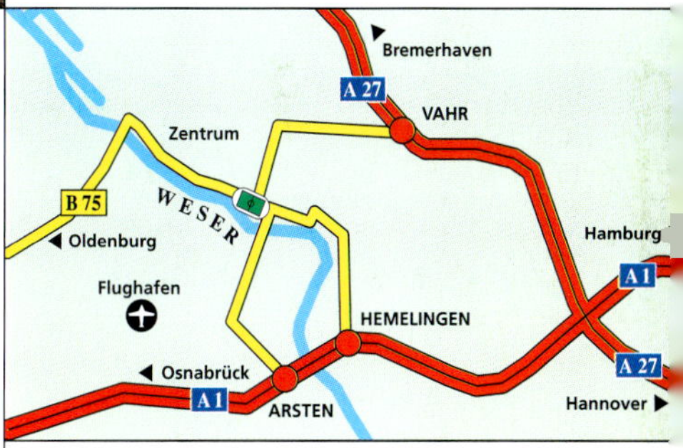

Fanbetreuung

Dieter Zeiffer
Fanbeauftragter

Helmut Dunker
Kundenbetreuung WUSEUM und Stadionführungen

Fanbeauftragter
Dieter Zeiffer
Franz-Böhmert-Straße 5
28205 Bremen
Tel.: 04 21 – 49 80 26
Mobil: 01 72 – 426 92 19
E-Mail: dieter.zeiffer@wol.de
Fax: 04 21 – 499 95 97
(Sprechzeiten nach Vereinbarung)

Stadionführungen
Helmut Dunker
Franz-Böhmert-Straße 1 c
28205 Bremen
Anmeldung:
Tel.: 0180 5 – 937 337
Fax: 04 21 – 49 05 06
E-Mail: info@werder.de

Das Werder-Museum WUSEUM
Öffnungszeiten:
täglich 10.00 – 17.45 Uhr (an Spieltagen bis zwei Stunden vor Anpfiff). Vom 24. 12. 2005 bis 2. 1. 2006 bleibt das WUSEUM geschlossen.
Eintrittspreise:
- Erwachsene 5,00 €, Kinder 2,50 €
- Gruppen (ab 10 Personen): Erwachsene 3,00 €, Kinder 1,50 €
- Stadionführung inkl. WUSEUM (Gruppen ab 10 Personen): Erwachsene 4,00 €, Kinder 2,00 €
- Ermäßigungen für Mitglieder

Fan-Projekt Bremen e. V.
Jugendarbeit mit und für Fans von Werder Bremen
Ansprechpartner:
Manfred Rutkowski,
Thomas Hafke, Jens Höhn
(Sprechzeiten nach Vereinbarung)
Mädchenarbeit: Susanne Franzmeyer
(Sprechzeit: Mi. 17 – 19 Uhr)
Franz-Böhmert-Straße 5
28205 Bremen
Tel.: 04 21 – 49 80 24
Fax: 04 21 – 49 80 25
Internet: www.FanProjektBremen.de
E-Mail: info@FanProjektBremen.de

Fanzentrum Ostkurvensaal
Veranstaltungsraum mit Aktivitäten von Fans für Fans. Drei Stunden vor jedem Heimspiel treffen sich hier die Fans von Werder Bremen und die Fans des Gastvereins. Nach den Heimspielen: Fußball-News. Werder-Auswärtsspiele werden auf der Großbildleinwand gezeigt. Räumlichkeiten können für Veranstaltungen gemietet werden. Verantwortl.: Fan-Projekt Bremen e.V.

Dachverband der Bremer Fanclubs
Uwe Jahn
Fleetrade 65, 28207 Bremen
Tel.: 04 21 – 49 80 26
Mobil: 01 72 – 400 10 50

Fan-Service

Werder Bremen Fan-Service GmbH
Petra Stelljes, Geschäftsführung
Auf dem Peterswerder 32
28205 Bremen
Tel.: 01 80 – 532 67 46
Fax: 04 21 – 499 95 97

Bestelladresse:
Werder Bremen Fan-Service GmbH
Auf dem Peterswerder 32
28205 Bremen
Tel.: 01 80 – 593 73 37
Fax: 01 80 – 500 39 68

Verkaufsstelle:
Werder Bremen Fan-Shop
Franz-Böhmert-Straße 1 c
28205 Bremen
Tel.: 04 21 – 43 45 95 70
Öffnungszeiten: Mo. – Fr.: 10 – 18 Uhr
bei Heimspielen:
Sa.: ab 13 Uhr, So.: ab 15 Uhr
(jeweils bis ca. 1 Stunde nach Spielende)

HAASE & KNELS
PROSTKURVE
DANKE
DURSTIGE
BANDE!
HOL'AB!
Getränke Markt

Der Fan-Club in meiner Nähe

Foto: nordphoto

Alle Werder-Fan-Clubs geordnet nach Postleitzahlen

0

Werder-Freunde
Mansfelder Land
Jan Dressel
Nordstr. 22
06343 Mansfeld

Die Kaputten
Andreas Ulbricht
Förtschstr. 9
06571 Wiehe

Green White Magic
Steve Peter
Niedercrinitzer Str. 6
08107 Kirchberg

Pöhlataler Wölfe
Stefan Schulz
Quergasse 4
09471 Königswalde Erzgebirge

WFC Mittleres
Erzgebirge
Nico Lopuszanski
Fliederweg 37
09496 Marienberg

1

WFC Ab durch
die Mitte
Michael Schulze
Leipzigerstr. 40 15/4
10117 Berlin

Matthias Bettag
Tunnelstr. 36 b
10245 Berlin

Fischmob
Thomas Ahlborn
Frankfurter Allee 134
10365 Berlin

Ulrike Balmer
Reichenberger Str. 73 a
10999 Berlin

Green Frogs Berlin '92
Marc Heise
Belßstr. 30 H
12277 Berlin

Die Weser Piraten
Nicole Dammann
Asseburgpfad 7
12557 Berlin

WFC Grün-Weiß
Marzahn
Bernd Kahse
Zossener Str. 57
12629 Berlin

The Berlin
Green White Attack
Jörg Starkloff
Märkische Allee 56
12681 Berlin

WFC Grün-Weiß
Marzahn
Thomas Petzold
Flämingstr. 9
12689 Berlin

MM & Die fantastischen 14
Markus Heimesaat
Holtzendorffstr. 4
14057 Berlin

The Berlin
Green White Attack
Martin Pohl
Zum Kahleberg 77
14478 Potsdam

Die Werder-Bommels
Ronny Theil
Amselsteig 1
14621 Schönwalde

Werder-Amigo's
Teltow-Fläming
Matthias Schulze
Schönhagener Weg 7
14947 Ahrensdorf

Der Grüne Punkt
Martin Labs
Karl-Sobkowski-Str. 6
15230 Frankfurt / Oder

WFC Grün-Weiß-Total
Ronny Büttner
Birkenallee 36
15859 Storkow

Green White
Spreewald Boys
Sebastina Kanja
Lubolzer Hauptstr. 64
15907 Lübben

Green-White Rules
OPR
Andreas Bublitz
Kyritzerstr. 6 A
16909 Wittstock / Dosse

Werder's
Tollense Möwen
Marcel Thiele
Hauptstr. 14 d
17039 Wulkenzin

Die Güstrower
Blasehasen
Florian Bannier
Seestr. 29
18273 Güstrow

Green-White Forever
Ralf Kradel
Ernst-Thälmann-Str. 42
18551 Sagard-Rügen

Green-White-Jokers
Steffen Knispel
Gosewinkler Weg 123
19059 Schwerin

SV-Werder Bremen
FC Schwerin
Jürgen Lange
Hagenowerstr. 61
19061 Schwerin

Elbe Möwen
Horst Müller
Rathausstr. 15 c
19322 Wittenberge

The Ultimate Warriors
Frank Wader
Straße der Jugend 3 B
19417 Ventschow

2

CWD Wardenburg
Torsten Weitemeyer
Bundesstr. 82
20144 Hamburg

21

Werder's Echte
Swanvid v. Federbaum
Taubenweg 6
21244 Buchholz

Green-White-Magics
Christian Zoller
Fichtenweg 4
21244 Buchholz

Werder Haie
Florian Drechsler
Fontanaring 10
21391 Reppenstedt

Die Barkys
Jens Barkemeyer
Wildenhofeck 6
21465 Reinbek

Die grün-weißen
Socken 98
Martin Pröpper
Schlesienweg 15
21514 Büchen

Panther Stade
Sean Bergmann
Memeler Weg 11
21680 Stade

Werder Freunde
Niedersachsen
Peter Jungclaus
Am Schäferstieg 2 A
21682 Stade

WFC „Harsefelder Jungs"
Christian Thomforde
Ampfer Weg 21
21717 Dunste Helmste

WFC Immertreu
Grünweiß Hemmoor
Dietmar Mahler
An der Weide 22
21745 Hemmoor

Weserratten
V. Schult
Nordwischenweg 3
21776 Wanna

22

WFC Rahlstedt
Patrick Richter
Bargteheiderstr. 153 D
22143 Hamburg

Hamburger Stadtmusikanten
Ingrid-Maria Danielsen
Sülldorfer Landstr. 213
22589 Hamburg

Green-White Dreams
Johannes Hildenbrock
Ahrensfelder Weg 34
22926 Ahrensburg

24

Trunkenbolde Kiel
Stefan Hellwig
Waisenhofstr. 36
24105 Kiel

Greenboyz Garbenheim
Cemal Dogru
Westring 218
24116 Kiel

Attacke Mühlenkamp
Matthias van Dyck
Westring 288 E/26
24116 Kiel

Grün Weiße Helden
Martin Jeß
Berliner Str. 42
24340 Eckernförde

WFC Neumünster
Udo Tontarra
Bismarckstr. 32
24534 Neumünster

DEIN TICKET
ZUR FIFA WM 2006™!
JETZT ÜBER 7.000 TICKETS EXKLUSIV FÜR FANCLUB-MITGLIEDER RESERVIERT
ALLE BEDINGUNGEN ZUM ERWERB FINDEST DU UNTER WWW.FANCLUB.DFB.DE
FAN CLUB
NATIONALMANNSCHAFT
POWERED BY Coca-Cola
©1974 FIFA TM
Coca-Cola®
FIFA WM 2006™
IT'S YOUR HEIMSPIEL!
MAKE IT REAL
KOFFEINHALTIG; COCA-COLA UND DIE DYNAMISCHE WELLE SIND EINGETRAGENE SCHUTZMARKEN DER THE COCA-COLA COMPANY.

Chevignon Crew
Stefan Arne Schmuck
Rendsburger Str. 257
24537 Neumünster

25

Bremer Möwen 96
Malte Metag
Carl- Goerdeler-Weg 4
25524 Itzehoe

Fan Club Brücke
Florian Witschel
Delbrückstr. 1
25541 Brunsbüttel

Die Grün-Weißen Asper
Helge Roeder
Pohlmannstr. 22
25582 Hohenaspe

Einsame Spitze
Mathias Voß
Vierthstr. 18
25593 Reher

Grün-Weiß
Dreamteam NF
Jörg Sönnichsen
Dorfstr. 154 a
25920 Risum-Lindholm

26

Green Törtels
Oldenburg
Michael Roth
Struthoffskamp 25
26127 Oldenburg

Königliche Helden
Bremen, Nils Raue
Klingenbergstr. 61
26133 Oldenburg

WFC-Altenoythe
Jens Husmann
Schubertstr. 51
26169 Altenoythe

WFC Friesoythe
Matthias Meyer
Berberitzenweg 14
26169 Friesoythe

Green White Diamonds
Reiner Wordtmann
Setjeweg 26 a
26188 Husbäke

Oldenburger Werder-Freunde
Peter Eppler
Schulstr. 4
26215 Wiefelstede

Nordic Crew
Bremen '05
Jan-Hendrik Maida
Plaggenkrugstr. 10
26316 Obenstrohe

FC Friesen
Holger Claußen
Auf dem Mühlengast 1
26316 Varel

Rolli FC Bockhorn
Wolfgang Hannig
Lindenstr. 29
26345 Bockhorn

Friesenpower Bockhorn
Günter Möller
Varrelerstr. 4
26345 Bockhorn

W.F.C. Beach Boys
Wilhelmsh.
Christian Helten
Blumenstr. 32
26382 Wilhelms-haven

Grün-Weiße-Playboyhasen
Björn Först
Preussenstr. 12
26388 Wilhelms-haven

FC Sturmflut Esens
Remmer Meents
Erichswarfen 3
26409 Wittmund

1. Wittmunder WFC
Carsten Holzke
Klusforder Str. 11
26409 Wittmund

Die Werder-Kids
Keno Speetzen
Molkereistr. 12
26427 Esens

Green-White-Grizzleys
WHV/OL
Andreas Vogel
Arthur-Eden-Str. 5
26441 Jever

Gaststätte
„Zur Kogge"
Ralf Bösling
26486 Wangerooge

Norderneyer
Evergreens
Christian Friese
Südwesthörn 20
26548 Norderney

WFC Norderney
Helge Cassens
Jann-Berghaus-Str. 74
26548 Norderney

Volltreffer
Wolfgang Janßen
Dornumer Str. 55
26607 Aurich

Green Tigers Aurich
Patrick Best
Linienweg 5
26607 Aurich

Werder Fan Family
Hans-Herm. Hinrichs
Diematsweg 7 a
26629 Großefehn

Auricher FC
„Nordlicht"
Gerrit Betten
Brookshörn 18
26629 Großefehn

WFC de Anhangsel
ut Wiesmoor
Peter Tietz
Mullberger Str. 47
26639 Wiesmoor

FC Westerstede
Hans-Dieter Holz
Ringstr. 6
26655 Westerstede

Werder-Bulli's
Else Wehmeyer
An der Loge 36
26655 Westerstede

Ammerländer Jungs
Sebastian-Mat. Thole
Hans-Sander-Str. 4
26655 Westerstede

WFC Werdertubbies
Lena Kollmers
Ankerstr. 42
26676 Barßel

WFC Saterland
Holger Schimmig
Klosterstr. 21
26683 Saterland

Engelke up de muer
Herrn Manßen
Neutorstr. 80
26721 Emden

The Pix
Kai Schoolmann
Upstalsboomstr. 10
26721 Emden

Nordic Stars
Rainer Schönsee
Körmeisterweg 4
26723 Emden

Fan Club Nordmannen
Alwin Henning
Buschland 10
26736 Krummhörn

G.-W. Firecvacker
Krummh.
Ingo Cornelius
Woquarder Reihe 12
26736 Pewsum

Fan Club Ossis
Manfred Kramer
Parallelweg 7 B
26789 Leer

FC Nüttermoor
Gerd Lübbers
Deichstr. 250 A
26789 Leer-Nütter-moor

WFC
Günter Drewes
Warsingstr. 173
26802 Moormeland

Fan Club
Moormerland
Herr Diersmann
Westerwieke 43
26802 Moormer-land

Weser-Piraten Weener
Nico Bergmann
Pottbacker Ring 15
26826 Weener

Ems Auen Rhede
Engelbert Niesmann
Katzenburg 12
26899 Rhede/Ems

WFC Dever Power
Bernd Kohnen
Ringstr. 11
26909 Neuböger

Wesermarsch
Uwe Wittbecker
Goethestr. 2
26919 Brake

Werder-Gorks
Jörg Meier
Bahnhofstr. 63
26919 Brake

Werder Dugs
Sebastian Mentz
Butjadinger Str. 28
26919 Brake

Green Country
Axel Wendland
Danziger Platz 4
26954 Nordenham

Wattwürmer on Tour
Schule am Luisenhof
Am Luisenhof
26954 Nordenham

Supporters
Nordenham
Tobias Maake
Ludwig-Uhland-Str. 10
26954 Nordenham

27

WFC Bassum-Wuisels
Markus Cordes
Tapiauer Str. 14
27211 Bassum

Green-White Lions
Regina Gottwald
Lindenstr. 5
27239 Twistringen

Dauelsen Delirium
Michael Barth
Sachsenstr. 25
27283 Verden Dauelsen

Assassing
Mario Werner
Rosenweg 6
27299 Langwedel / Etelsen

Die Treuen
Jörn Schmitz
Sollacker 19
27305 Bruchhausen-Vilsen

Green-White
Wanderers
Thorsten Marossow
Krähenkamp 19
27308 Kirchlinteln

Jicksons
Nilssons Lindner
Zum Sportplatz 31
27313 Westen

Wesersturm
Christopher Cordes
Eitzendorf 3 A
27318 Hilgermissen

G. W. Weserbogen-Hoya
Markus Finkberner
Ahornstr. 3
27318 Hoya/Weser

Commando Bremen
Dominik Krams
Duddenhausen 9
27333 Bücken

WF „Am Blender See"
Sebastian Müller
Im langen Wandel 6
27337 Blender

Werder-Freunde-Riede
Lorenz Irps
Arpsmeyerweg 8
27339 Riede

Die Wesermöwen
Dirk Ebert
Wittorfer Str. 2 A
27356 Rotenburg

Fan Club Brüttendorf
Dieter Heins
Stubbenende 9
27404 Zeven / Brüttendorf

Green-White Divine
Supporters
Torsten Witte
Langenhausen 12
27442 Gnarrenburg

Weser-Power
Jürgen Polkowski
Segelckestr. 35
27472 Cuxhaven

Werder Hornets
Rosemarie Beckmann
Altenbr. Bahnhofstr. 95
27478 Cuxhaven

Werder-Honks
Bremerhaven
Robert Pawellek
Ludwigstr. 4
27570 Bremerhaven

Rolf Diringer
An der Mühle 48 -50
27570 Bremerhaven

The Green Power
Sebastian Bergmann
Sudetenstr. 17
27574 Bremerhaven

Green Boys
Tobias Meyburg
Langenacker 12
27574 Bremerhaven

WFC Fischköppe
Klaus-Dieter Lobitz
Fritz-Reuter Str. 16
27576 Bremerhaven

FC Ostkurven Power
Daniel Buljevic
Am Wischacker 49
27576 Bremerhaven

Bremen Green Sox
Kai Hinrichs
Land Wurster Str. 34
27607 Debstedt

Die Bombenleger
Lars Freiknecht
Hermann-Harms-Weg 8
27607 Langen

German Supportes '97
Florian Neuhaus
Moonwisch 2
27607 Langen

Werder Meister e.V.
Matthias Stoll
Leher Landstr. 7
27607 Langen

Werder Ritter
Bederkesa
Nils Klatt
Mühlenberg 3
27607 Langen / Neuenwalde

Werder-Freunde
Beck'shövede
Swen Hartmann
Ringstr. 18
27612 Loxstedt

WFC Schlapphüte
Gerd Tiedemann
Düringer Str. 1 A
27612 Loxstedt

WFC Werder-Wölfe
Loxstedt
Norbert Gerdes
Bahnhofstr. 13
27612 Loxstedt

SEK Fischtown
Michael Tutas
Luisenstr. 9
27676 Bremerhaven

WFC Ewiges Leben
Jens Bröhl
Carl-Vinnen-Str. 5
27711 Osterholz-Scharmbeck

Werder Fans OHZ
Jens Jungbluth
Bahnhofstr. 80
27711 Osterholz-Scharmbeck

G.-W. flying Headnuts
Wallhöfen
Hanna Kück
Voßbarg 1
27729 Wallhöfen

Banovic Forever
Malte Gefken
Ochtumer Str. 13
27751 Delmenhorst

Fun-Club Psychos HB
Steffan Görgens
Lucas Cranach Str. 13
27753 Delmenhorst

Hasberger FC
Delmenhorst
Thomas Schwemmer
Königsberger Str. 5 B
27755 Delmenhorst

Partyzan Bremen
Martin Wachtendorf
Stettiner Weg 3 a
27777 Ganderkesee

AUSWÄRTSSIEG
HEIMSIEG
BREMER
SEHENSWÜRDIGKEITEN
Kappa
kik
TEXTIL-DISKONT
Kappa
WERDER BREMEN
TIPP-KICK
EDITION WERDER BREMEN
Die Fan-Shops am Weser-Stadion
Bestell-Hotline: 01805 / 32 67 46 (0,12 €/min) · Online-Shop: www.werder.de

Werder Kompanie
Boris Meyer
Friedländer Str. 6
27798 Hude

Supporters Hude
Tjalf Schröder
Wilhelmstr. 10
27798 Hude

WFC „27801"
Ingo Kläner
Schulweg 3
27801 Neerstedt

WFC Moorhüpfer
Köterende
Uwe von Seggern
Kolberger Ring 35
27804 Berne

AVANTI
André Burkert
Georg-Grashorn-Str. 9
27804 Berne

Nastarovje
Björn Zlotorenski
Tecklenburger Str. 42 A
27809 Lemwerder

Die Werder-Deich-grafen
Jessica Eichelberg
Ritzenbüttlerstr. 106
27809 Lemwerder

28

For Ever
Lutz Delzeith
WoltmershauserStr.274
28197 Bremen

Werder-Odyssee
Marcus Bockstette
Rablingh. Landstr. 116 A
28197 Bremen

Nothern Heroes
Ulrich Haensgen
Rolandstr. 23
28199 Bremen

Partigiani
Florian Drath
Am Deich 93
28199 Bremen

SV WFC
Heiko Seeligmann
Euckenstr. 21
28201 Bremen

Fanatics E / HB
Sven Frenzel
Lobsienstr. 28
28201 Bremen

EGAL WIE
Claus-Peter Zech
Hollerstr. 11
28203 Bremen

Frontline Bremen
Lukas Dietzel
Bismarckstr. 43
28203 Bremen

Green-White Jurassics
Sorin Lemke
Hamburger Str. 96
28205 Bremen

Werder Sisters
Kathrin Rahmann
Plettenberger Weg 20
28205 Bremen

Dachverband
Bremer FC
Uwe Jahn
Fleetrade 65
28207 Bremen

Bombay Werder
WALLAHS
Dr. Andree Kirchner
Joseph-Haydn-Str. 5
28209 Bremen

Die schrecklich
„netten" WF
Susanne Menzler
Prager Str. 30
28211 Bremen

Westkurven-geschädigte (WKG)
Robert Schimmler
Arensburgstr. 56 A
28211 Bremen

Wonters
Christopher Schmidt
Scharnhorststr. 42
28211 Bremen

Werder Fanatics Peine
Stefan Fery
Crüsemannallee 10
28213 Bremen

Hermannsburg
Jan-Peter Lipski
Wätjenstr. 48
28213 Bremen

Green Boy's
Bremen-Nord
Dennis Bieschwale
Gustav-Heinemann-Str. 71
28215 Bremen

Werder Onkelz
Lower Saxony
Björn Schrader
Worpsweder Str. 97
28215 Bremen

Sniper's Werder
Björn Meyer
Worpsweder Str. 100
28215 Bremen

Werder-Thompels
Kristina Knoop
Osterlingerstr. 23
28217 Bremen

Suburbian Devils
Constanze Robbel
Probststr. 14
28217 Bremen

FC Vegesacker Straße
Frau Höfer
Schule a.d. Vegesacker
Str. 84
28217 Bremen

Grün-Weiß Pegasus
Frank Zawesky
Johann Borne-macher Str. 6
28217 Bremen

Fang. Rotenburg /
W.-Bremen
Jörg Nölke
Brinkstr. 31
28219 Bremen

Die Schnacker
Christian Maibach
Lübbenstr. 20
28237 Bremen

Oimels
Sascha Bode
Gröpelinger Heerstr. 91
28237 Bremen

Wilde Jungz
Florian Meier
Drosselstr. 24
28239 Bremen

Vahraonen
Thomas Breitkopf
Tom-Dyk-Str. 20
28259 Bremen

Green White Lions
Bremen
Stefan Wilhelm
Den Haager Str. 46
28259 Bremen

Green-White Angels
„84" Bremen
Rene Knapp-Kluge
Haifastr. 27
28275 Bremen

Werder-Freunde
Hurricanes
Christian Neuke
Hemstingerweg 29
28307 Bremen

Vikings Achim Bremen
Mathias Mücke
Am Klemißberg 31
28307 Bremen

Bremer Haie
Michael Schwepe
Egestorffweg 23
28307 Bremen

Werder Supporters
Saskia Kölle
Kellerwaldweg 1
28307 Bremen

Green-White Evolution
Sascha Anders
Holtumer Str. 14
28307 Bremen

Inferno Bremen
Michael Tiedtke
Bauleuteweg 14
28325 Bremen

Werder Freunde
Kaiserslautern
Jochen Saupe
August-Bebel-Allee 184
28329 Bremen

Fanatics Bremen
Benjamin Eggers
Mackensenweg 13
28355 Bremen

Diaboli Viridi
Markus Meyer
Oberneulander
Landstr. 105 a
28355 Bremen

Werder Kumpels
Bernd Nordengrün
Fraunhoferstr. 1
28357 Bremen

Globetrotter
Heiko Stelter
Bruchwettern 5 a
28357 Bremen

Commando Bremen
Benjamin Hess
Carl-Friedrich-Gauß-Str. 10
28357 Bremen

Dieter Zeiffer
Kopenhagener Str. 50
28719 Bremen

Grün-Weiss SPAHLB
Hajo Hayen
An Smidts Park 2
28719 Bremen

Fan Club Bremen Nord
Mario Vagnoni
Schafgegend 35
28755 Bremen

Endless Support
Bremen
Florian Evers
Neue Str. 2
28757 Bremen

Werder Sleepers Nord
Martina Hayduk
An der Aumunder
Kirche 30
28757 Bremen

Werder Huskys
Olaf Lührs
Breite Str. 5
28757 Bremen

Die Glorreichen Elf
Anna Weigner
Meierhofstr. 6
28759 Bremen

Hamangio Bremen
Andreas Rohlf
Rominter Str. 12
28777 Bremen

Dead Frogs
Bremen-Nord
Tobias Klemz
D.-Schierholz-Str. 3
28777 Bremen

Panzerknacker
HB-Nord
Boris Blödorn
Unterm Berg 83
28777 Bremen

Nasdarowje (Bremen)
Peter Woicichowski
Schwaneweder Str. 77
28779 Bremen

WFC The Green-White
Crusade
Gillis Wischnowski
Bockhorner Weg 61
28779 Bremen

Vegeboys
Sven Havemann
Bockhorner Weg 68
28779 Bremen

Green-White Devils
Christian Rieck
Pommernweg 8
28790 Schwane-wede

Hanseatic League '90
Sven Beyer
Michael-Ende-Str. 22
28816 Stuhr

SUPPORTERS-BREMEN
Matthias Beusse
Eichendorffweg 30
28816 Stuhr

Oldie-Gang
Erich Schmidt
In den Kämpen 2
28816 Stuhr

Gallier
Stefan Nieswand
Korbmacher Str. 12 a
28816 Stuhr

Anhänger-Club
Buten Bremer
Rainer Meyerhof
Stuhrreihe 19
28816 Stuhr

Weyhe on tour (WOT)
André Bertram
Schlehenkamp 27
28844 Weyhe

Burner Bremen
Tammo Becker
Klinkerstr. 18
28857 Syke

FC Leistungsträger
Arne Grieme
Hügelrose 67
28857 Syke / Barrien

29

Die Werderaner
Dirk Ohlhoff
Auf der Alm 1
29303 Bergen

Beekler Jungens
Florian Denecke
Becklingen 98
29303 Bergen

Die Party Möwen
Vanessa Lange
Gerdehäuser Weg 12
29320 Hermanns-burg

SVW-Supporters
Müdener Jungs
Florian Franz
Am Ginsterbusch 3
29328 Müden

GREEN-WHITE
HURRICANES
Andreas Jacobi
Mühlenstr. 1
29393 Gross Oesingen

FC Werder Künsche-Lucie (FCWKL)
Ernst Dirk Schütte
Am Südhang 1
29439 Lüchow

Denise Weihmann
Marschstr. 8
29462 Wustrow

Lübbener Green-Cucumbers
Marco Iwer
Birkenallee 12 B
29525 Uelzen

WFC Uelzen
Jens Kötke
Bahnhofsweg 4
29525 Uelzen

Grün-Weiße
Heidegeister
Marcus Fensky
Aueweg 20
29614 Soltau

Grüne Bananen
Martin Völlmecke
Seekamp 34 a
29640 Schnever-dingen

Heidjer FC
Norbert Schröder
Stellichte 8 a
29664 Walsrode

3

Boni SC Hannover
Michael Sandow
Ostwender Str. 3 b
30161 Hannover

Carsten Hannebrook
Gabelsbergerstr. 9
30163 Hannover

Die Fischköppe
Michael Mantel
Schlägerstr. 31
30171 Hannover

WFC Green White
Forever, Dennis Hutsch
Hildesheimer Str. 266
30519 Hannover

WFC Incorpore
Christian Wulf
Vorm Walde 6
30926 Seelze

Hai Noon
Hendrik Schrader
Hauptstr. 40
31061 Alfeld

Die Werder-Möwen
(v.d. Leine)
Jan Scharf
Am Hopfenberg 1
31061 Alfeld (Leine)

Viel
Erfolg!
www.blg.de
BLG LOGISTICS
Let's move better!

Green-White Tigers
Hildesheim
Florian Spichal
Hans-Böckler-Weg 14
31141 Hildesheim

SV Werder Dream Team
Philipp Gottwald
Auf der Kassebeeren-worth 12
31157 Sarstedt

Kings
Hendrik Schnitzer
L.-W.-Böllersen-Str. 3
31171 Nord-stemmen

Werder-Freunde Peine
Holger Funke
Schloßstr. 4
31224 Peine

WFC „Weserlions" 2000
Matthias Hennigsen
Rubensplatz 1
31303 Burgdorf

Herman and the Funkies
Jan Grundstedt
Burgdorferstr. 22
31311 Uelze

SVW-1FCK
Weser-Teufel
Jan Lorbitzki
Finkenweg 14
31552 Rodenburg

Werder Stammtisch
Dieter Papenhausen
Wilhelmshöhe 54
31582 Nienburg

Werder Freundeskreis Nienburg
Friedrich-Wilhelm Gllmeyer
Verdener Landstr. 245
31582 Nienburg

Green-White Wölpe
Helmut Bensemann
Gartenstr. 7
31582 Nienburg / Weser

Brennende Liebe
Andre Scheel
Ortstr. 8
31618 Liebenau

WFC Brokeloh
Uwe Gerberding
Brokeloher Dorfstr. 5
31628 Landes-bergen

Green Hell Estorf
Sören Busse
Neue Schulstr. 4
31629 Estorf

GW-Leuchtende Deistersäue
Eike Christian Busch
Am Wedding 5
31832 Springe

Lüneburger Über-Ichs
Stefan Feldmeier
Langenbergstr. 8 a
32108 Bad Salzuflen

Green Pirates
Christoph Steinmeier
Meierhofstr. 17
32289 Röding-hausen

Double U Maniacs Stemwede
Dennis Latzel
Am Steingrund 9
32351 Stemwede

Green-White-Sharks
Heiko Priesmeier
Leverner Str. 50
32369 Rahden

Freunde der Sonne
Rainer Arning
Im Leingarten 68
32549 Bad Oeyn-hausen

Padermöwen
Sascha Beringer
Rolandsweg 67 a
33102 Paderborn

Crazy Popeye's
Benedikt Hurny
Emmausweg 12
33154 Salzkotten

Viadukt Werderaner
Angelika Merkel
Federathweg 16
33184 Altenbeken

Grüne Welle Gütersloh
Thorsten Kanning
Hölscherweg 27
33415 Verl

INFERNO H-CL
Thomas Spiering
Beethovenstr. 7
33442 Herzebrock-Clarholz

Grüner Stern Schwalm-Eder
Wolfgang Zabbée
Himmelsbergstr. 11
34212 Melsungen

Pilsetten-Akademiker
Matthias Victor
Am Eichberg 20
34266 Niestetal

Go North
Tim & Jan Förster
Bakernhof 1
34477 Twistetal

Werder Mighty Ducks
Jan Peter
Frankenbergerstr. 3
35094 Lahntal

Bremer Fang.
Wetzlar/Frankfurt
Christian Debus
Martinstr. 13
35576 Wetzlar

Aataljungs
Björn Fischer
Am Gesundbrunnen 32
35649 Niederweid-bach

Anna Schmidt
Mery-Str. 13
35649 Niederweid-bach

Dieter-Eilts Fan-Club
Rolf Hildebrandt
Hersefelder Str. 16
36217 Ronshausen

Holzeröder Weser-Recken
Peter Janowitz
Obere Str. 6
37136 Holzerode

FC Northeim
Gerald Gröschel
Am Mühlenanger 46
37154 Northeim

Werder Pioniere
Alexander Wolf
Birkenweg 27
37176 Bishausen

Christoph von Rhoden
Sternwartsweg 4
37176 Nörten-Hardenberg

Werder Pioniere
Alexander Quattek
Danziger Str. 34
37176 Nörten-Hardenberg

WFC Phantom
Sören Manz
Sperberring 30
37176 Nörten-Hardenberg

Cupfighters Wanfried
Tobias Siebold
Schulstr. 8 b
37281 Wanfried

Werder-Fanatics
Michael Hundeshagen
Haldessenweg 9
37434 Bilshausen

Förster Werder-Freunde
Andreas Weitemeyer
Förster Str. 51
37520 Osterode-Förste

Grün-Weiß-Solling
Christian Diener
Krimmenser Weg 1
37586 Dassel - Eilensen

Grün-Weiß Weserbergland
Kai Schmalhof
Kirchenstr. 5
37647 Brevörde

Werder Mönche
Winfred Lüs
Elsterstr. 2
38120 Braun-schweig

Harzer Boyz
Jens Beier
Breite Str. 61
38259 Salzgitter

Werder-Bären
Waldemar Grieger
Am Hamberg 1
38259 Salzgitter

East Seventeen
Lothar Stephan
Hopfenberg 8
38271 Baddecken-stedt

WFC Eischott
Fabian Kamieth
Rundling 1
38471 Rühen-Eischott

Bistro-Canape-Cafe
Günter Völlers
Petersberg 5
OT Bilderlahe
38723 Seesen

Green-White Dompower
Nico Schäfer
Steinbockstr. 9
39118 Magdeburg

Die grün-weiße Hoffn. Nedlitz
Matthias Hänsch
Am Eckernkamp 16
39264 Nedlitz

Wolmirstedter Werder Fans
Jürgen Neubauer
Wacholderweg 21
39326 Wolmirstedt

WFC-Green-White-YANKEES Gardl.
Henry Oeppert
Bahnhofstr. 9
39638 Gardelegen

4

Green-White Millenium
Peter Hambüchen
Neuenhovenerstr. 62
41363 Jüchen

WFC Voll
Stephan Keck
Ittenbachstr. 12 A
41466 Neuss

Mit wehenden Fahnen
Kilian Feucht
Am Schraffenberg 35
42799 Leichlingen

Werder-Jungs Pulheim
Steffen Strumpen
Kreuzstr. 133
44137 Dortmund

Werder-Power
André Brocks
Bauerheide 4
44536 Lünen

SEASTORM
Lars Geuken
Borkumstr. 13
45149 Essen

Green-White Werder-Devils
Mike Liebenau
Auf dem Eigen 3
45219 Essen

Werder Bremen Devils
Hubert Alexander
Kocherstr. 18
45219 Essen

Ruhrmöwen
Tim Peter Meier
Bandstr. 36 B
45359 Essen

Green-White Whisky's
Elmar Bennemann
Don-Bosco-Str. 14
46354 Südlohn

Ewige Treue vom Niederrhein
Jens Thomas
Etzoldstr. 44
47506 Neukirchen-Vluyn

Ewige Treue vom Niederrhein
Thomas Kämpfer
In den Fleutwiesen 14
47608 Geldern-Kapellen

Christian Peitsch
Immelmannstr. 48
48157 Münster

Die Werder Treuen
Hartmut Pusch
Ignaziusstr. 15 a
48329 Havixbeck

Beck's Street Boys - Werderfans
Tobias Köckemann
Dorfbauerschaft 49 a
48346 Ostbevern

Werders BKT
Timothy Laubenstein
Lingerstiege 19
48455 Bad Bent-heim

Wesertigers Hopsten
Michael Walterskötter
Nordstr. 10
48496 Hopsten

Möwenpicker Ochtrup
Marc Kuhmann
Bentheimer Str. 59
48607 Ochtrup

Ahoi-Crew 05 Osnabrück
Pascal Rückert
Venloer Str. 3
49084 Osnabrück

Na starowje
Gaby Karrenbrock
Widukindstr. 1
49124 Georgs-marienhütte

The Alligators
Henrik Hartmann
Am Hollenberg 20
49176 Borgloh

Grafen-Power
Lars Mester
Glockenheide 31
49356 Diepholz

Langförden Seagulls
Claudia Preuss
Schulstr. 6
49377 Langförden

Sanders Krug
Carl Sander
Visbeker Damm 145
49377 Vechta

Werder Freunde Lutten e.V.
Uwe Grotelüschen
Allensteiner Str. 10
49377 Vechta

Werder-Eck-Lohne
Heiner Rottinghaus
Roggenkamp 12
49393 Lohne

Werder Freundeskreis Lohne
Thomas Sieverding
Kronenstr. 10
49393 Lohne

Werder-Sharks
Kai Steffens
Bremer Str. 18
49406 Barnstorf

Ostkurven-Power Barnstorf
Björn Nagel
Fontanestr. 1
49406 Barnstorf

WFC Wagenfeld v. 1994 e. V.
Alfred Knopp
Schützenstr. 48
49419 Wagenfeld

FC „Falken"
Josef Haskamp
Ostring 20
49439 Steinfeld

Grün Weiß Fladder
Mario Stickfort
Fladder 10
49451 Holdorf

Werder Freunde Holdorf
Michael Kreiert
Dammer Str. 49
49451 Holdorf

Schlüsselkinder Holdorf
Dirk Völkerding
Am Schützenplatz 4
49451 Holdorf

SV WFC Wetschen
Erich Rempe
Kastanienweg 3
49453 Wetschen

WESER-TEUFEL Lengerich
Stephan Munzke
Fritz-Reuter-Str. 45
49525 Lengerich

Redlefsen
Es geht um die Wurst!
Ran an den Genuß:
Werder-Bratwurst.
Ein Volltreffer
auch nach dem Spiel!
Könecke Redlefsen Markenvertriebs GmbH, Zum Sebaldsbrücker Bahnhof 1, 28309 Bremen, Tel. 04 21 45 87-0, Fax 04 21 45 87-241

Weser-Fischis
Bianca Hemann
Zum Sportplatz 10
49626 Grafeld

Grüne Raute
Florian Mehmann
Zum Sportplatz 7
49626 Grafeld

Los Bremos Kollegos
Michael Röckmann
Wesselei 36
49681 Varrelbusch

Werder Füchse
Peter Menke
Kranichweg 8
49685 Emstek

green-white fanatics
Johannes Rolfes
Waldweg 9
49688 Hemmelte

Werders Echte
Guido Lövenich
Tannenwald 14
49699 Lindern

WFC „Amigos"
Pewsum
Ralf Wohlgezogen
An der Torfbahn 3
49716 Meppen

Bexx's Beauty's
Jens Neehoff
Neulande 6
49733 Haren

Grün-Weiße
Emspiraten
Jan Gülker
Mühlenbergstr. 7
49762 Lathen

Werder Wiesel Emsland
Ludger Lesemann
Reiterweg 10
49811 Lingen

Werderfreunde
Emsland-Süd
Ingo Lüttecke
Bahnhofstr. 1
49838 Wettrup

5

FC Green Flower Power
Markus Plag
Neußer Gasse 27
50259 Pulheim-Strommeln

Lgw-Köln
Dirk David Ludwig
Longericher Str. 45
50739 Köln

FC Aquisgranum
Christiane Spaetgens
Nerscheider Weg 21
52076 Aachen

Fischmob-Brigade-Rheinland
Adrian Langweg
Troschelstr. 12
53115 Bonn

Werder Forever Bonn
Nils Pütthoff
Bornheimer Str. 104
53119 Bonn

Philip Turley
Mellemerstr. 9
53343 Wachtberg

Werder Prallos Eifel-Mosel-Hunsrück
Christoph Helbing
Bergweg 2
54516 Wittlich

Beck's Pistols Koblenz
Andreas Leue
Kuckucksweg 28
56179 Vallendar

Werder Freunde Siegen
Martin Sondermann
Steinstr. 8
57072 Siegen

Geräucherte Makrelen
Siegerl.
Christian Hoffmann
Stöckerstr. 7
57074 Siegen

Christian Lüttkopf
Wideystr. 14
58452 Witten

BSG Hobby Kicker
Udo Grewe
Schlehenstr. 68
59063 Hamm

Werder Haie Oelde
Michael Funke
Zur Polterkuhle 16 A
59302 Oelde

Green-White-West
Michael Kaappmann
Von-Nagel-Str. 19
59302 Oelde

LosBremos.de
Münsterland
Kai Post
Schillerstr. 6 a
59348 Lüdinghausen

Die Bremer v. d.
Sieben Bergen
Sascha Engelhardt
Lingelscheid 18,
Haus Sonnenhof 1
59939 Olsberg

6

Bermuda 3eck
Rhein-Main-Weser
Markus Kleinschmidt
Kösliner Str. 2
63110 Rodgau

ST Bremen
Sven Winkler
Breslauerstr. 40
63739 Aschaffenburg

SVW FC Spessarträuber
Gudrun Seitz
Allensteiner Str. 7
63843 Niedernberg

Seahawks
Michael Krause
Im Leithersheim 19
64839 Münster / Altheim

Die Rhein-Main-Rauten
Olaf Klein
Jungferngartenstr. 10
65193 Wiesbaden-Sonnenberg

Bastión Verde-Blanco
Islas Canarias
Thomas Helwig
Hauptstrasse 73 /4
65817 Eppstein / Ts.

Wesaarclub
Jens Berner
Friedhofsweg 23
66119 Saarbrücken

Werderclub
Dillingen / Saar
Michael Strangmann
Bittenfeldstr. 9
66763 Dillingen

Werder Freunde
Kaiserslautern
Tobias Gilcher
Flörsheimer Str. 1
67657 Kaiserslautern

7

Magic Werder
Hannes Fischer
Schellingstr. 53
72072 Tübingen

Veringendorf On Tour
Marcus Kohl
Rettichsberg 25
72519 Veringendorf

Neuffen an der Weser
Stefan Wisniewski
Weinsteigle 7
72639 Neuffen

Wer Der
Heiko Dangelmayer
Boschweg 3
73084 Salach

Weser Bomber
Christian Götz
Linckeweg 13
73441 Bopfingen

8

Globetrotter e. V.
Thomas Gartelmann
Gollierstr. 82
80339 München

Grün-Weiße Ollis
Xaver Eichstädter
Bachmayer Str. 6
83278 Traunstein

Andronik Reisen
Verde Alb Romania
Hagrainer Str. 63
84028 Landshut

Beck's Street Boys
Raphael Weber
Auf der Höh 30
88213 Ravensburg

Werderfans-Süd
Ronny Barucki
Marktstr. 50
89281 Altenstadt / Iller

9

SV Werder FC Kiwi
Welfenstr. 8
90475 Nürnberg

The Werder Crusaders
Jens Rotermund
Freiherr v. Diemar Str. 3
90556 Cadolzburg

Werder-Devils
Wolfgang Stein
St. Michael 27
91056 Erlangen

Florian Beer
Klingenbrunn Bhf. 21
94518 Spiegelau

Club der Werderaner
Werner Streu
Mainecker Str. 12
96264 Altenkunstadt

WFC von der Tauber
Mario Heinemann
Römerstr. 9
97922 Lauda-Königshafen

The green Whales
H. Sippel
Bonhoefferstr. 83
99427 Weimar

Mühlhäuser FC
Grün-Weiß Werdi
Norman Urbach
Schillerweg 23
99974 Mühlhausen

Ausland

Werder-Löwen
Rene Schumacher
Neuer Weg 21
B - 4750 Weywertz, Belgien

Die Schweizer
Stadtmusikanten
Sven Stückmann
Brämkenstr. 31
CH - 8234 Stetten, Schweiz

Diano Marina 1993
Thomas Hohenester
Via Cantalupo 137
I - 18100 Imperia, Italien

Ode an Marco Bode-
Werder Dänemark
Niels Holm
Langagervej 10 A
DK - 4000 Roskilde, Dänemark

FC Letzebuerg
Paul Krier
277, rue de Cessange
L - 1321 Luxembourg, Luxemburg

1st East African W.B.F.
Dietmar Lange
P.O. Box 30378
Nairobi / Kenya

WFC Thailand
Michael Reichelt
Charoen Krung
Road 2207
TH - 10120 Bangkok, Thailand

Stand: Oktober 2005

Es reicht, wenn ein Mann den Quer- und den Steilpass kennt. Die anderen Passformen sind unsere Sache.
ROY ROBSON
Männer gesucht!
Offizieller Herrenausstatter von Werder Bremen
www.royrobson.de

Werder Bremen GmbH & Co KG aA

Geschäftsführung

Jürgen Ludger Born

Position: seit 2004 Vorsitzender der Geschäftsführung, Geschäftsführer Finanzen und Öffentlichkeitsarbeit
Geburtsdatum: 24.9.1940
Geburtsort: Berlin
Bei Werder Bremen seit: 23.5.1999
Bisherige Position: 1999 – 2003 Vorstandsvorsitzender und Vorstandsmitglied Finanzen und Öffentlichkeitsarbeit
Familienstand: verheiratet, Söhne Maximilian, Christian, Tochter Denise
Ausbildung / Beruf:
Abitur / Wirtschaftsstudium in Hamburg
1968 Deutsche Überseeische Bank / Deutsche Bank Stuttgart / Hamburg
1969 – 1977 Deutsche Bank Buenos Aires
1978 – 1979 Deutsche Bank Frankfurt, London, New York
1979 – 1986 Deutsche Bank Asuncion
1986 – 1994 Deutsche Bank Montevideo
1994 – 1999 Deutsche Bank Sao Paulo
seit 2000 Honorarkonsul von Uruguay
Hobbys: Jazz, Tennis, Golf, Malerei

Klaus Allofs

Position: seit 2004 Geschäftsführer Profifußball
Geburtsdatum: 5.12.1956
Geburtsort: Düsseldorf
Bei Werder Bremen seit: 7.10.1999
Bisherige Position:
1999 – 2003 Vorstandsmitglied Profifußball
Familienstand: verheiratet, Sohn Niklas, Tochter Leonie
Spielerlaufbahn: TuS Gerresheim, Fortuna Düsseldorf, 1. FC Köln, Olympique Marseille, FC Girondins de Bordeaux, 1990 – 1993 Werder Bremen, 424 Bundesligaspiele / 177 Tore, 56 A-Länderspiele / 17 Tore
Trainerstation: Fortuna Düsseldorf
Größte Erfolge als Spieler: Europameister 1980, EM-Torschützenkönig 1980, Vize-Weltmeister 1986, Französischer Meister 1989 mit Olympique Marseille, Deutscher Meister 1993 mit Werder Bremen, Europapokalsieger der Pokalsieger 1992 mit Werder Bremen, DFB-Pokalsieger 1979, 1980, 1983, 1991, Bundesliga-Torschützenkönig 1979, 1982
Hobbys: Pferde, Golf

Klaus-Dieter Fischer

Position: seit 2004 Geschäftsführer Leistungszentrum Fußball und andere Sportarten
Geburtsdatum: 27.12.1940
Geburtsort: Bremen
Bei Werder Bremen seit: 6.1.1955
Bisherige Positionen: Schiedsrichter, Schatzmeister der Amateurabteilung, Jugendtrainer, Jugendbetreuer,
1970 – 1974 3. Präsident,
1974 – 1999 Vizepräsident,
1999 – 2003 Vorstandsmitglied
Weitere Positionen:
Präsident SV Werder Bremen e. V.
Leiter der Nachwuchsgruppe der Bundesliga
Familienstand: verheiratet, Sohn Immo, Tochter Ilka
Ausbildung / Beruf: Direktor der Bremer Verwaltungsschule und Leiter des Aus- und Fortbildungszentrums bis 31.12.2003
Hobbys: Theater, Konzerte, Skat, Prellball, Politik

Manfred Müller

Position: seit 2004 Geschäftsführer Marketing und Management
Geburtsdatum: 27.6.1944
Geburtsort: Bremen
Bei Werder Bremen seit: 10.2.1986
Bisherige Positionen:
1988 – 1999 Schatzmeister,
1999 – 2003 Vorstandsmitglied Marketing und Management
Familienstand: verheiratet, Tochter Ann-Christin, Sohn Christoph-Alexander
Ausbildung / Beruf:
Vorstandsvorsitzender AOK Bremen / Bremerhaven
Hobbys: Fußball, Skat, Tennis

YachtSHUI

Werder Bremen GmbH & Co KG aA

Aufsichtsrat

Willi Lemke

Position: seit 2005 Vorsitzender des Aufsichtsrats
Geburtsdatum: 19.8.1946
Geburtsort: Pönitz / Ostholstein
Bisherige Positionen:
1981 – 1999 Manager
1999 – 2003 Aufsichtsratsmitglied
2003 – 2004 Stellvertretender Vorsitzender des Aufsichtsrats
Bei Werder Bremen seit: 25.6.1975
Familienstand: verheiratet, Söhne Christoph, Tim, Lars, Tochter Nele
Ausbildung / Beruf:
Abitur, 1. Staatsexamen in Erziehungs- und Sportwissenschaften / Wissenschaftlicher Mitarbeiter der Uni Hamburg und der Uni Bremen, 1974 – 1981 SPD-Landesgeschäftsführer, Mitglied der Deputation für Sport, 1998 – 1999 ehrenamtlicher Lehrbeauftragter der Uni Bremen, seit Juli 1999 Senator für Bildung und Wissenschaft in Bremen
Hobbys: Marathon, Ski

Dr. Hubertus Hess-Grunewald

Position: seit 2005 Stellvertretender Vorsitzender des Aufsichtsrats
Geburtsdatum: 14.10.1960
Geburtsort: Varel
Bisherige Positionen:
1993 – 1999 Vorstandsmitglied der Fußball-Amateurabteilung
1999 – 2004 Aufsichtsratsmitglied
Bei Werder Bremen seit:
28.8.1970
Weitere Position:
Vize-Präsident SV Werder Bremen e. V.
Familienstand:
verheiratet,
Söhne Hannes, Paul
Ausbildung / Beruf:
Jurastudium / Rechtsanwalt (Fachanwalt für Arbeitsrecht)
Hobby:
Werder Bremen

Dr. Werner Brinker

Position: seit 2004 Aufsichtsratsmitglied
Geburtsdatum: 30.3.1952
Geburtsort: Lingen / Ems
Bei Werder Bremen seit:
1.7.2003
Familienstand:
verheiratet, Töchter Caroline, Friederike
Ausbildung / Beruf:
Dr.-Ing. Bauingenieurwesen, Vorsitzender des Vorstandes der EWE AG, Präsident des Verbandes der Elektrizitätswirtschaft (VDEW)
Hobbys:
Skifahren, Tennis, Golf

Gunnar Lübben-Rathjen

Position: seit 1999 Aufsichtsratsmitglied
Geburtsdatum: 9.4.1964
Geburtsort: Bremen
Bisherige Positionen:
1984 – 1990 Sportwart Handball
1990 – 1999 Abteilungsleiter Handball
Bei Werder Bremen seit:
2.8.1983
Familienstand:
verheiratet,
Söhne Frithjof, Tjark,
Tochter Berit
Ausbildung / Beruf:
Maschinenbaustudium, Abschluss Diplom-Ingenieur / Head of Central Order Processing – Production Department der Fa. Atlas Elektronik GmbH
Hobbys:
Modellbau, Sport (Handball)

Hans Schulz

Position: seit 1999 Aufsichtsratsmitglied
Geburtsdatum: 4.12.1942
Geburtsort: Halle/ Saale
Bei Werder Bremen seit: 4.7.1953
Familienstand: verheiratet
Spielerlaufbahn:
1963 – 1964 Werder Amateure
1964 – 1966 Werder Bremen
1966 – 1971 Hamburger SV
1971 – 1974 Fortuna Düsseldorf
1974 – 1976 Alemannia Aachen
Sportliche Erfolge:
Deutscher Meister 1965, Finale im Europapokal der Pokalsieger 1968, 214 Bundesligaspiele/ 40 Tore
Ausbildung / Beruf:
Textilkaufmann
Hobbys: Golf, Tennis

Günter Schulze

Position: seit 2005 Aufsichtsratsmitglied
Geburtsdatum: 18.2.1933
Geburtsort: Magdeburg
Bei Werder Bremen seit:
29.3.1988
Familienstand:
verheiratet, Tochter Sabine,
Sohn Thomas
Ausbildung / Beruf:
Inhaber BINDAN,
Mitglied im Beirat von BINDAN,
Geschäftsführer der TECCON GmbH & Co KG
Hobbys:
Tennis, Fußball, Golf

ANBISS
HALBZEIT
NACH DEM EIS
IST VOR DEM EIS
MAGNUM®
LANGNESE®

Werder Bremen Trainer

Thomas Schaaf

Position: Chef-Trainer
Geburtsdatum: 30.4.1961
Geburtsort: Mannheim
Bei Werder Bremen seit: 1.7.1972
Spielerlaufbahn: bis 1978 Jugendspieler Werder Bremen, 1979 – 1994 Lizenzspieler Werder Bremen
Trainerlaufbahn:
1987 – 1988 B-Jugend Werder Bremen; 1988 – 1995 A-Jugend Werder Bremen; 1995 – 1999 Werder Bremen Amateure und Nachwuchs-Cheftrainer
Größte sportliche Erfolge als Spieler: Deutscher Meister 1988, 1993; DFB-Pokalsieger 1991, 1994; Europapokalsieger der Pokalsieger 1992; Deutscher Supercup-Sieger 1988, 1993, 1994; 2 Länderspiele U 21 Deutschland
Größte sportliche Erfolge als Trainer: Deutscher Meister 2004; DFB-Pokalsieger 1999, 2004
Familienstand: verheiratet mit Astrid, Tochter Valeska
Hobbys: Familie, Lesen, Musik, Theater, Musical

Karl-Heinz Kamp

Position: Co-Trainer
Geburtsdatum: 26.9.1946
Geburtsort: Bingen
Bei Werder Bremen seit: 1.7.1970
Spielerlaufbahn:
Hassia Bingen-Kempten, SpVgg Fürth, Opel Rüsselsheim; 1970 – 1985 Werder Bremen
Trainerlaufbahn:
1980 – 1995 Werder Bremen Amateure; 1985 – 1995 Assistenz-Trainer Werder Bremen; seit 1995 Co-Trainer Werder Bremen
Größte sportliche Erfolge als Trainer:
Deutscher Amateurmeister 1985, 1991;
Europapokalsieger der Pokalsieger 1992;
Deutscher Meister 1988, 1993, 2004;
DFB-Pokalsieger 1991, 1994, 1999, 2004;
Deutscher Supercup-Sieger 1988, 1993, 1994
Familienstand: verheiratet, Sohn Christian
Hobby: Fußball

Wolfgang Rolff

Position: Co-Trainer
Geburtsdatum: 26.12.1959
Geburtsort: Lamstedt
Bei Werder Bremen seit: 1.7.2004
Spielerlaufbahn:
1978 – '80 OSC BHV; 1980 – '82 Fortuna Köln; 1982 – '86 HSV; 1986 – '89 Bayer 04 Leverkusen; 1989 – '90 Racing Strasbourg; 1990 – '91 Bayer 05 Uerdingen; 1991 – '94 Karlsruher SC; 1994 – '95 1. FC Köln; 1995 – '96 Fortuna Köln
Trainerlaufbahn: 03 – 07/'97 Co-Tr. HSV; 01 – 07/'98 SV Meppen (2. Bundesliga); 07 – 12/'98 Co-Tr. VfB Stuttgart; 12/'98 VfB Stuttgart; 11/2000 – 07/2001 Co-Tr. Bayer 04 Leverkusen; 09/2001 – 10/2002 Co-Tr. A-Nationalm. Kuwait
Größte sportliche Erfolge als Spieler:
Vize-WM 1986; Europapokalsieger der LM 1983 mit dem HSV; UEFA-Cup-Sieger 1988 mit Bayer 04 Leverkusen; DM 1983 mit dem HSV
Familienstand: verheiratet mit Andrea, Sohn Yannick
Hobby: Fußball

Matthias Hönerbach

Position: Co-Trainer
Geburtsdatum: 13.4.1962
Geburtsort: Köln
Bei Werder Bremen seit: 1.7.2005
Spielerlaufbahn:
1980 – 1981 Bayer 04 Leverkusen; 1981 – 1990 1. FC Köln;
1990 – 1994 1. FC Saarbrücken
Trainerlaufbahn: 1994/95 Co-Trainer Eintracht Trier; 1995/96 1. FC Köln Amateure; 1996 – 2003 Viktoria Köln
Größte sportliche Erfolge als Spieler: DFB-Pokalsieg 1983 mit 1. FC Köln;
UEFA-Cup-Endspielteilnahme 1986 mit 1. FC Köln;
202 Bundesligaspiele/4 Tore für 1. FC Köln und 1. FC Saarbrücken
Familienstand: Lebenspartnerin, Sohn Johannes, Tochter Olivia
Hobbys: Familie, Lesen, Golf spielen

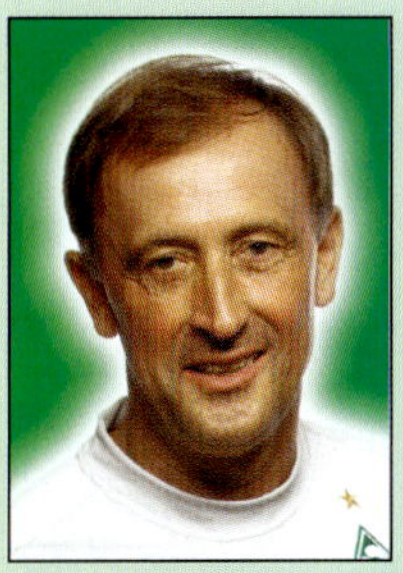

Dieter Burdenski

Position: Torwart-Trainer
Geburtsdatum: 26.11.1950
Geburtsort: Bremen
Bei Werder Bremen seit: 1.7.1997
Spielerlaufbahn:
1969 – '71 FC Schalke 04; 1971 – '72 Arminia Bielefeld; 1972 – '88 Werder Bremen
Größte sportliche Erfolge als Spieler:
Deutscher Meister 1988, Teilnahme an der WM 1978 und an der EM 1984, 12 A-Länderspiele für Deutschland
Größte sportliche Erfolge als Trainer:
Deutscher Meister 2004;
DFB-Pokalsieger 1999, 2004
Familienstand: verheiratet mit Claudia, Tochter Carina, Sohn Fabian
Hobbys: Fußball, Musik

WENN DIE
FIEBERKURVE
STEIGT...
ELFMETER IN DER NEUNZIGSTEN MINUTE: DAS HERZ RAST. WER
MIT WERDER MITFIEBERT, BRAUCHT GUTE NERVEN. UND DIE
ENTSPANNUNGS-TIPPS VON DER AOK. WWW.AOK.DE/BREMEN
Kappa
Kappa
AOK
Die Gesundheitskasse.

Leistungszentrum

Anschrift:	Franz-Böhmert-Str. 7 28205 Bremen
Geschäftsführer:	Klaus-Dieter Fischer
Telefon:	04 21 – 43 45 91 14
Nachw.-Manager:	Wolf Werner
Telefon:	04 21 – 43 45 92 22
Fax:	04 21 – 498 40 13
Nachwuchs-Cheftrainer:	Thomas Wolter
Telefon:	04 21 – 43 45 92 44
Nachwuchs-berater:	Diplom-Psychologe Uwe Harttgen
Telefon:	04 21 – 43 45 92 66
Sekretariat:	Elisabeth Kremin Frauke Strecker
Telefon:	04 21 – 43 45 92 35 04 21 – 43 45 92 92
Fax:	04 21 – 498 86 72
Fußballabteilung:	04 21 – 498 40 59
Vereinsheim:	04 21 – 498 40 60
Stadion:	Platz 11 am Weser-Stadion (4.898 Plätze) Ausweichspielstätte: Weser-Stadion
Internet:	www.werder.de
E-Mail:	info@werder.de

Fußball-Internat in der Ostkurve des Weser-Stadion

„Wilhelm-Scharnow-Internat"

Telefon: 04 21 – 43 95 15 22
Fax: 04 21 – 43 95 15 49
Leitung: Wolf Werner
Pädagogisch-psychologische Leitung: Uwe Harttgen
Wirtschafterin: Jutta Reichel

Stützpunkttraining

Verantwortlich: Sandro Stallbaum, Sven Meinecke

Scouting-System

Verantwortlich: Frank Bender U23-U19
Mirko Votava U19-U15
Thorsten Bolder U15-U9
Hauptamtl. Scout: Frank Ordenewitz
Nebenamtl. Scout: Karl-Heinz Leuze, Peter Nahrmann, Ron Orlamünder, Gerd Rathjen

Kooperationspartner

FC Carl Zeiss Jena

Fußball-Schulprojekt mit dem Schulzentrum Bremen-Obervieland

Eine Zusammenarbeit mit den Trainern des Leistungszentrums von Werder Bremen und des Bremer Fußballverbands.

‚100 % Werder! Talent'

Jährliche Aktionstage, bei denen Nachwuchsspieler für die E- und D-Jugend-Mannschaften von Werder Bremen gesichtet werden.

‚100 % Werder! Camp'

Bei der mehrtägigen Veranstaltung erhalten 100 Kinder und Jugendliche die Möglichkeit, Werder Bremen bei Trainingseinheiten mit den Leistungstrainern und einem umfangreichen Rahmenprogramm kennenzulernen.

„100 Schulen – 100 Vereine"

Kooperation mit Schulen und Vereinen zur Förderung des Sports, insbesondere des Fußballs, in der Region in Partnerschaft mit AOK und Kraft-Foods.

U 23

Trainer: Thomas Wolter
Co-Trainer: Frank Bender
Torwart-Trainer: Eckart Paradies
Koordinations-Trainer: Lars Figura
Team-Manager: Rainer M. Jördens
Mannschaftsärzte: Dr. Dominik Schwarz, Dr. Philip Heitmann, Dirk Netzer
Physiotherapeut: Florian Lauerer
Betreuer: Benno Urbainski, Hartmut Quäker
Trikotpartner: KiK Textilien GmbH
Sportliche Erfolge: Deutscher Amateurmeister 1966, 1985, 1991
Deutscher Amateurvizemeister 1982, 1993

U 21

Trainer: Victor Skripnik
Co-Trainer: Manfred Winkler
Torwart-Trainer: Detlef Voß
Betreuer: Andreas Unglaube, Frank Fischer

U 19

Trainer: Mirko Votava
Co-Trainer: Christian Lapke
Koordin.-Trainer: Lars Figura
Masseur: Stefan Kühn
Betreuer: Wolfgang Brase
Sportliche Erfolge: Deutscher Meister 1999
Deutscher Vizemeister 1995, 2000

U 18

Trainer: Andreas Ernst
Co-Trainer: Kadir Pakkan
Koordin.-Trainer: Lars Figura
Betreuer: Stephan Quast

U 17

Trainer: Bernd Pfeifer
Co-Trainer: Arnold „Pico" Schütz, Thomas Jahn
Torwart-Trainer: Christian Lapke, Michael Jürgen
Koordin.-Trainer: Lars Figura
Physiotherapeut: Henning Kostro
Betreuer: Norbert Sunder
Sportliche Erfolge: Deutscher Vizemeister 1984, 1999

U 16

Trainer: Klaus Rose
Co-Trainer: Alex Noll
Torwart-Trainer: Christian Lapke, Michael Jürgen
Koordin.-Trainer: Lars Figura
Betreuer: Jürgen Hamjediers
Sportliche Erfolge: Meister BFV 2001, 2002, 2004, 2005

U 15

Trainer: Thorsten Bolder
Co-Trainer: Horst-Dieter Höttges
Torwart-Trainer: Michael Jürgen, Eckart Paradies
Koordin.-Trainer: Lars Figura
Betreuer: Oliver Seedorf
Sportliche Erfolge: Norddeutscher Meister 1979, 1986, 1987, 1995, 1998, 1999, 2000, 2002, 2003, 2004, 2005

U 14

Trainer: Harald Albrecht
Co-Trainer: Birger Hufe
Torwart-Trainer: Michael Jürgen

U 13

Trainer: Norbert Hübner
Co-Trainer: Jens Käthner
Torwart-Trainer: Michael Jürgen
Betreuer: Dieter Holländer

U 12

Trainer: Volker Radel
Co-Trainer: Michael Martins

U 11

Trainer: Sascha Hansmann
Co-Trainer: Folkert Bellmer, Daniel Gräser

U 10

Trainer: Thomas Lorenzen
Co-Trainer: Horst Braakmann

U 9

Trainer: Uwe Gräser
Co-Trainer: Ralf Görgens
Betreuer: Hajo Diederichs

U 8

Trainer: Hüsnü Asumann, Orhan Imren

U 7

Trainer: Wolfgang Weyers, Andreas Heins

U 6

Trainer: Conny Metzdorf, Matthias Bitsch

Die Regionalliga-Mannschaft

Obere Reihe von links:
Florian Lauerer (Physiotherapeut), Hartmut Quäker (Betreuer), Sebastian Schachten, Viktor Pekrul, Florian Mohr, Aaron Hunt, Damir Memisevic (zurück nach Bosnien), Thiago Rockenbach da Silva, Marco Stier, Rainer Jördens (Team-Manager), Dirk Netzer (Arzt).

Mittlere Reihe von links:
Wolf Werner (Nachwuchs-Manager), Klaus-Dieter Fischer (Geschäftsführer), Eckart Paradies (Torwarttrainer), Daniel Brückner, Michel Haskamp, Sven Meinecke, Sandro Stallbaum, Johannes Ibelherr, Waldemar Jurez, Dr. Philip Heitmann (Arzt), Dr. Dominik Schwarz (Arzt), Frank Bender (Co-Trainer), Thomas Wolter (Cheftrainer).

Untere Reihe von links:
Dominic Peitz, Ruud ter Heide (jetzt AGOVV Apeldoorn), Patrick Bärje, Kevin Wittke, Michael Jürgen, Kasper Jensen, Maximilian Sachse, Kevin Artmann, Jerome Polenz, Francis Banecki, Björn Schierenbeck.

Das Aufgebot

Rücken-Nummer	Name	Position
1	Jensen, Kasper	Tor
2	Polenz, Jerome	Abwehr
3	Venekamp, Benjamin	Abwehr
4	Mohr, Florian	Abwehr
5	Schierenbeck, Björn	Abwehr
6	Peitz, Dominic	Mittelfeld
7	Wittke, Kevin	Mittelfeld
8	Brückner, Daniel	Mittelfeld
10	Stier, Marco	Angriff
11	Hunt, Aaron	Angriff
12	Pekrul, Viktor	Mittelfeld
13	Artmann, Kevin	Mittelfeld
14	Stallbaum, Sandro	Abwehr
15	Bischoff, Amaury	Mittelfeld
17	Banecki, Francis	Mittelfeld
18	Bärje, Patrick	Angriff
19	Rockenbach da Silva, Thiago	Mittelfeld
20	Jürgen, Michael	Tor
21	Jurez, Waldemar	Angriff
22	Avcioglu, Ali	Angriff
23	Schachten, Sebastian	Mittelfeld
24	Ibelherr, Johannes	Abwehr
25	Meinecke, Sven	Mittelfeld
27	Sachse, Maximilian	Tor
28	Haskamp, Michel	Mittelfeld

Zugänge

Artmann, Kevin (Werder Bremen U 19)
Avcioglu, Ali (Tennis Borussia Berlin)
Bärje, Patrick (Werder Bremen U 19)
Bischoff, Amaury (Racing Straßburg)
Haskamp, Michel (Werder Bremen U 19)
Ibelherr, Johannes (Werder Bremen U 19)
Jensen, Kasper (HFK Sönderjyske)
Jurez, Waldemar (Werder Bremen U 19)
Peitz, Dominic (SC Paderborn)
Polenz, Jerome (Werder Bremen U 19)
Sachse, Maximilian (Werder Bremen U 19)
Schachten, Sebastian (SC Paderborn)
Venekamp, Benjamin (Rot-Weiß Essen)

Abgänge

Aktas, Ömer (SC Preußen Münster)
Albers, Carsten (Brinkumer SV)
Bauer, Tim (TSG Hoffenheim)
Beckert, Stefan (Ziel unbekannt)
Birkeland, Jarle (Eik Tönsberg)
Fütterer, Danny (VSK Osterholz-Scharmbeck)
Habryka, Michael (Ziel unbekannt)
Heidenreich, Florian (VfL Osnabrück)
Kacan, Deniz (Eintracht Trier)
Memisevic, Damir (zurück nach Bosnien)
Oelkuch, Michael (SV Waldhof Mannheim)
Paul, Robert (Wacker Burghausen)
Schmedes, Benjamin (Hannover 96)
ter Heide, Ruud (AGOVV Apeldoorn)
Unger, Lars (Brinkumer SV)
Vuorinen, Hermanni (AC Allainsi)
Walke, Alexander (SC Freiburg)

Sport-Verein „Werder" von 1899 e.V.

Geschäftsführendes Präsidium

Klaus-Dieter Fischer

Position: seit 2004 Präsident
Geburtsdatum: 27.12.1940
Geburtsort: Bremen
Bei Werder Bremen seit: 6.1.1955
Bisherige Positionen: Schiedsrichter, Schatzmeister der Amateurabteilung, Jugendtrainer, Jugendbetreuer, 1970 – '74 3. Präsident, '74 – '99 Vizepräsident, '99 – 2003 Vorstandsmitglied
Weitere Position: Geschäftsführer Leistungszentrum Fußball u. a. Sportarten der Werder Bremen GmbH & Co. KG a. A.
Familienstand: verheiratet, Sohn Immo, Tochter Ilka
Ausbildung / Beruf: Direktor der Bremer Verw.-schule und Leiter des Aus- und Fortbildungszentrums bis 31.12.2003
Hobbys: Theater, Konzerte, Skat, Prellball, Politik

Dr. Hubertus Hess-Grunewald

Position: seit 2004 Vize-Präsident
Geburtsdatum: 14.10.1960
Geburtsort: Varel
Bei Werder Bremen seit: 28.8.1970
Bisherige Positionen:
1993 – 1999 Vorstandsmitglied der Fußball-Amateurabteilung
1999 – 2003 Aufsichtsratsmitglied
Weitere Position: Mitglied des Aufsichtsrats der Werder Bremen GmbH & Co. KG a. A.
Familienstand: verheiratet, Söhne Hannes, Paul
Ausbildung / Beruf: Jurastudium / Rechtsanwalt (Fachanwalt für Arbeitsrecht)
Hobby: Werder Bremen

Axel Plaat

Position:
seit 2004 Mitglied des Präsidiums / Schatzmeister
Geburtsdatum: 24.6.1958
Geburtsort: Bremen
Bisherige Positionen:
1973 – 2000 Trainer Fußball-Abteilung
2001 – 2003 Kassenrevisor
Bei Werder Bremen seit: 1.6.1967
Familienstand: verheiratet
Ausbildung / Beruf:
Bankkaufmann / Credit Officer im Local Credit Office der Commerzbank AG Bremen
Hobbys:
Fußball, Tennis, Reisen

Mitglieder des Präsidiums

Dietmar Ernst
Abteilungsleiter Fußball

Dagmar Stelberg
Abteilungsleiterin Handball

Christian Schwarting
Abteilungsleiter Leichtathletik

Dr. Till Schelz-Brandenburg
Abteilungsleiter Schach

Werner Meyer
Abteilungsleiter Tischtennis

Meta Finke
Abteilungsleiterin Turnspiele & Gymnastik

Peter Logemann
Jugendreferent

Jürgen Sterzik
Sportreferent

nashuatec
1=1 PAY PER PAGE®
'mal ehrlich – würden Sie sich für etwas anderes als für das Original entscheiden?
Wenn es um Seitenpreis-Konzepte, Sparvolumen im Bürobereich und Unternehmensanalysen geht, sollten Sie sich ausschließlich auf die Qualität des Marktführers verlassen! Keiner hat mehr Analyseerfahrung in Deutschland. Keiner kann mehr realisiertes Sparvolumen und effektive Workflowoptimierung im Office Printing Bereich nachweisen.
Rufen Sie uns an. Damit auch Sie in den Genuß eines optimierten Dokumenten-Managements kommen.
NRG Deutschland GmbH
Tel. (05 11) 67 42 - 110
www.nashuatec.de
1=1
PAY PER PAGE®
by nashuatec
Die professionelle Analyse Ihrer Bürokommunikation – das Original.

SV Werder Bremen und seine Sportarten

Fotos: Martin Rospek

Dank an die ehrenamtlichen Mitarbeiter!

Auf die ehrenamtliche Mitarbeit seiner Mitglieder in den Abteilungen ist der SV Werder besonders stolz. Der SV Werder ist ein attraktiver Sportverein, wie seine hohe Mitgliederzahl beweist. (Aktuelle Berichte und Informationen aus den Abteilungen im WERDER-Magazin)

Ältestenrat

Fritz Henrichs

Helga Kluge

Horst Kühne

Werner Laue

Horst Münte

Hans Wild

Wolfgang Schäfer

Gemeinsam mit den sechs Abteilungsleitern bilden die Mitglieder des Ältestenrats den Wahlausschuss. Er schlägt der Mitgliederversammlung Kandidaten für das geschäftsführende Präsidium des SV „Werder" von 1899 e. V. und den Aufsichtsrat der GmbH & Co. KG aA vor.

Abteilungen

Fußball
Abteilungsleiter: Dietmar Ernst,
Tel. 04 21 – 51 05 29
Pressewart: Uwe Gräser,
Tel. 0 42 03 – 78 80 48
Jugendleiter: Jens Höfer,
Tel. 04 21 – 43 45 91 66

Leichtathletik
Abteilungsleiter: Christian Schwarting,
Tel. 04 21 – 44 48 99
Jugendleiterin: Jana Baumann,
Tel. 04 21 – 484 19 46
Pressewart: Olaf Kelterborn,
Tel. 04 21 – 437 39 61

Handball
Abteilungsleiterin: Dagmar Stelberg,
Tel. 04 21 – 434 17 92
2. Vorsitzender: Gunnar Lübben-Rathjen,
Tel. 04 21 – 45 44 54
Jugendleiterin: Elke Humrich,
Tel. 04 21 – 44 89 29
Pressewart: Martin Lange,
Tel. 04 21 – 43 45 91 44

Schach
Abteilungsleiter:
Dr. Till Schelz-Brandenburg,
Tel. 01 77 – 316 19 30
Jugendleiter: Oliver Müller

Tischtennis
Abteilungsleiter: Werner Meyer,
Tel. 040 – 30 01 29 88
Jugendleiter: Bogdan Tuschik,
Tel. 04 21 – 218 21 08
Mobil 01 74 – 512 22 43
Pressewart: Thorsten Bock,
Tel. 04 21 – 70 27 07

Turnspiele & Gymnastik
Abteilungsleiterin: Meta Finke,
Tel. 04 21 – 794 70 00
Pressewart: Manfred Jacobi,
Tel. 04 21 – 54 41 77

Jugendreferent
Peter Logemann,
Tel. 04 21 – 48 20 55

Sportreferent
Jürgen Sterzik,
Tel. 04 21 – 58 23 44

62
DOUBLE 2004
OSTKURVE
WERDER
WIR – DIE FANS!
SV WERDER BREMEN
WERDER BREMEN
DFB-POKAL
BREMEN

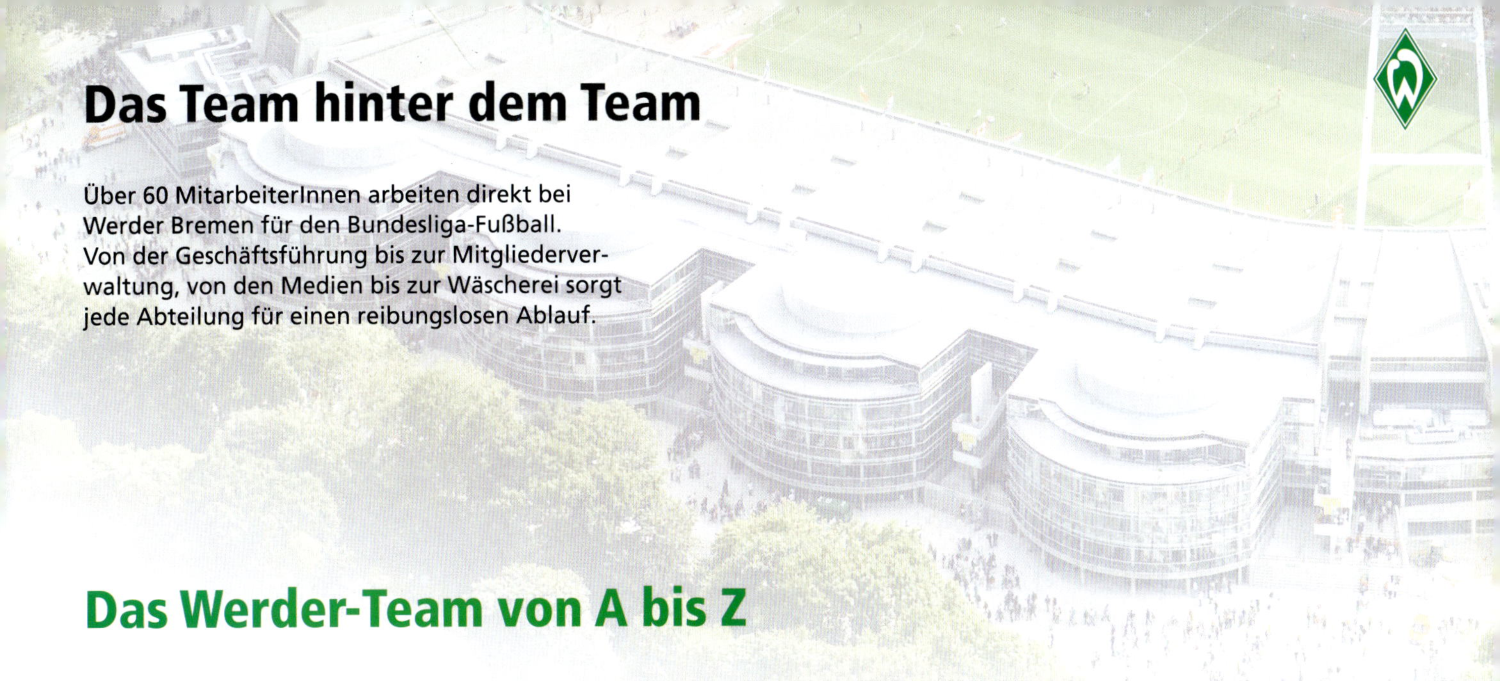

Das Team hinter dem Team

Über 60 MitarbeiterInnen arbeiten direkt bei Werder Bremen für den Bundesliga-Fußball. Von der Geschäftsführung bis zur Mitgliederverwaltung, von den Medien bis zur Wäscherei sorgt jede Abteilung für einen reibungslosen Ablauf.

Das Werder-Team von A bis Z

Klaus Allofs
Geschäftsführer Profifußball

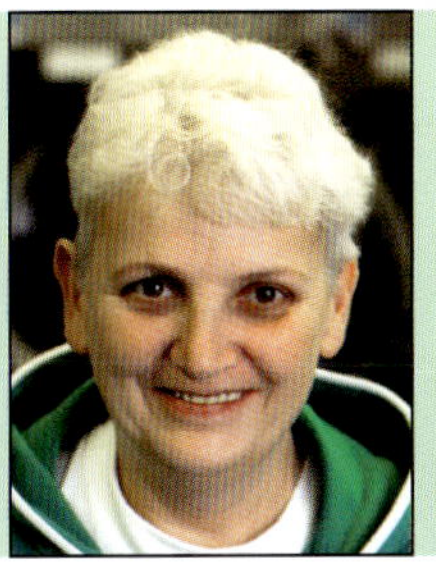

Ingrid Aydemir
Wäscherei

Stephanie Behrens
Empfangssekretariat

Uwe Behrens
Zeugwart

Frank Bender
Co-Trainer U 23

Holger Berger
Physiotherapeut

Jens Beulke
Physiotherapeut Leistungszentrum

Annika Blase
Sekretariat der Geschäftsführung

Simone Blümel
Buchhaltung

Thorsten Bolder
Trainer U 15

Jürgen L. Born
Vorsitzender der Geschäftsführung und Geschäftsführer Finanzen

Helmut Dunker
Kundenbetreuung

Marcus Fährer
Ticketcenter

Hune Fazlic
Scouting

Klaus-Dieter Fischer
Geschäftsführer Leistungszentrum Fußball und andere Sportarten

Martina Flessner
Wäscherei

Hendrike Fließbach
Ticketcenter

Jörg Fürst
Rechnungswesen und Ticketmanagement

team-wandres.de

Das Team hinter dem Team

Katrin Grüschow
Buchhaltung

Hinrich von Hallen
Controlling und Personal

Marita Hanke
Medien und PR

Uwe Harttgen
Nachwuchsberater
Diplom-Psychologe

Susanne Henke
Buchhaltung

Jens Höfer
Vereins- und Amateurangelegenheiten

Sandra Hoffmann
Ticketcenter

Norman Ibenthal
Medien und PR
Leistungszentrum

Detlef Kollra
Zeugwart

Sebastian Kommer
Callcenter

Elisabeth Kremin
Sekretariat
Leistungszentrum

Martin Lange
Medien und PR

Petra Mayrhofer
Mitgliederverwaltung

Stefanie Migge
Ticketcenter

Christopher Möllering
Auszubildender
Sport- und Fitnesskaufmann

Manfred Müller
Geschäftsführer
Marketing und Management

Frank Ordenewitz
Scout
Leistungszentrum

Heike Pape
Callcenter

Bernd Pfeifer
Trainer U 17

Tino Polster
Mediendirektor

Oliver Rau
Marketing und Sponsoring

Olaf Rebbe
Marketing

Marcel Redeker
Schuhpflege

Jutta Reichel
Wirtschafterin
Internat

CiViTAS
VBN
keine Grundgebühren
ohne Mindestumsatz
einfach übertragbar
»ICH FAHRE GÜNSTIGER AUF RECHNUNG«
So bequem war Bus- und Bahnfahren noch nie. Mit dem BOB-KONTO-TICKET fahren Sie ganz entspannt auf Rechnung und Sie zahlen für eine Fahrt mit BOB weniger als für ein EinzelTicket beim Fahrer. Sie brauchen weder Bargeld noch Kenntnisse über Fahrpreise. Einfach einsteigen und los geht's...
BOB – BEQUEM OHNE BARGELD.
BOB
DAS KONTO-TICKET
BSAG
Alles o.k.
Informationen über BOB – DAS KONTO-TICKET erhalten Sie in den BSAG-Kundencentern, bei www.bob-ticket.de und der VBN-Serviceauskunft 01805-826 826 (12 Ct./Min.)

Das Team hinter dem Team

Michael Rother
Hausmeister

Michael Rudolph
Medien und PR

Catharine Schmidt
Mitgliederverwaltung

Olaf Schmidt
Marketing

Petra Schmidt
Mitgliederverwaltung

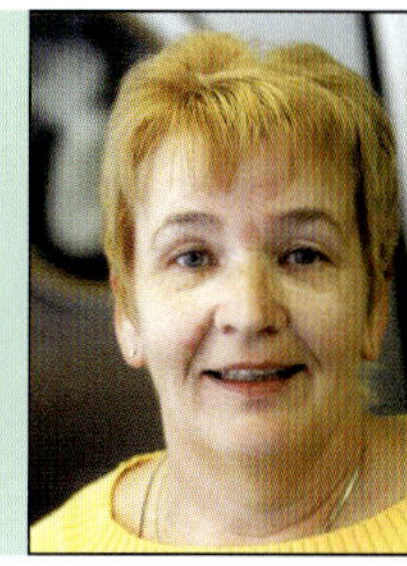

Ingrid Siebke
Wäscherei

Horst Stange
Autogrammkartenpost

Frauke Strecker
Mitgliederverwaltung / Sekretariat Leistungszentrum

Norman Theuerkauf
Auszubildender Sport- und Fitnesskaufmann

Christian Tonke
Netzwerk-Administrator und CRM

Miroslav Votava
Trainer U 19

Günter Weiß
Geschäftsstelle

Wolf Werner
Nachwuchs-Manager

Thomas Wolter
Nachwuchs-Cheftrainer

Stefan Wolters
Physiotherapeut Bundesliga

Nicole Wrage
Callcenter

Dieter Zeiffer
Fanbeauftragter

Angela Zitzmann
Sekretariat der Geschäftsführung

Busfahrer

Horst Kück
„Bussi"

Das Stadion-Team

Marcus Mbiwe
DJ „Choco"

Christian Stoll
Stadionmoderator „Stolli"

Arnd Zeigler
Stadionmoderator „Arnie"

Das Team hinter dem Team

Nicht nur direkt bei Werder Bremen arbeiten MitarbeiterInnen „rund um die Uhr" für dessen wirtschaftlichen und sportlichen Erfolg.

Die Werder Fan-Service GmbH erfüllt die Wünsche der Fans, und das Zentrum für Sporttherapie und Rehabilitation, kurz „Sporthep", sorgt dafür, dass es unseren Bundesliga-Profis und den Nachwuchsmannschaften im medizinischen Bereich an nichts fehlt.

Das Team der Fan-Service GmbH

Petra Stelljes
Geschäftsführerin

Sandra Böhmert
Fan-Service

Katja Haack
Fan-Service

Petra Hattendorf
Fan-Service

Frank Hopp
Organisation

Markus Horstmann
Fan-Service

Maren Kaminski
Assistenz

Uwe Kühle
Lagerverwaltung

Anja Pestrup
Leiterin Fan-Shop

Lars Schneider
Fan-Service

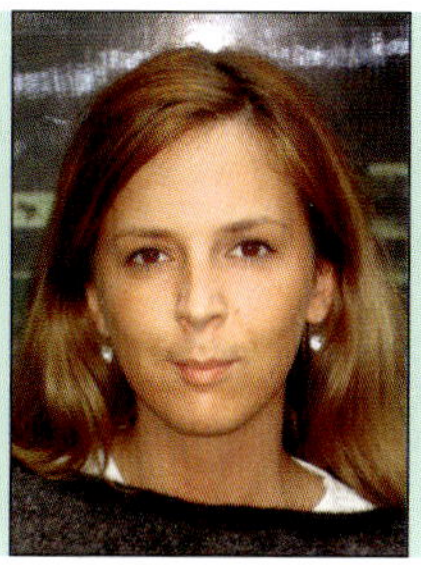

Klaudia Trzciak
Auszubildende
Einzelhandelskauffrau

Das Team vom Sporthep „Werder"

Dr. Götz Dimanski
Geschäftsführer und
Mannschaftsarzt
Bundesliga

Henning Kostro
Physiotherapeut
U 17

Florian Lauerer
Physiotherapeut
U 19

Impressum

Herausgeber: WERDER BREMEN
Gesamtverantwortung:
Tino Polster (Mediendirektor)
Redaktionelle Leitung:
Marita Hanke (V.i.S.d.P.)
Thomas Grziwa
Redaktion: Martin Lange,
Thomas Grziwa
Fotos: Getty Images,
Carsten Heidmann, nordphoto,
Martin Rospek, imago, Witters
Fotoredaktion: Marita Hanke,
Thomas Grziwa
Anzeigenleitung: Oliver Rau
Gestaltung: Ulrich Nottrodt, Bremen
Lithografie: Westermann GmbH
media solutions
Druck: Druckhaus Humburg, Bremen

Auf einen Blick

Anschrift: Werder Bremen
Franz-Böhmert-Str. 1 c
28205 Bremen

Öffnungszeiten Geschäftsstelle: Montag – Mittwoch 9 – 17 Uhr
Donnerstag 9 – 18 Uhr
Freitag 9 – 15 Uhr

Telefon Geschäftsstelle und Ticketcenter: **0 18 05 / 937 337**
(€ 0,123 / Minute, Mo. – Fr. 9 – 18 Uhr, Sa. 11 – 13 Uhr, nur bei Heimspielen)

Internet: **www.werder.de**
E-Mail: info@werder.de

Fax Geschäftsstelle: 04 21 / 49 35 55
Fax Ticketcenter: 04 21 / 43 45 91 50

Werder Bremen GmbH & Co. KG aA

Geschäftsführung: Jürgen L. Born (Vorsitzender u. Geschäftsführer Finanzen und Öffentlichkeitsarbeit), Klaus Allofs (Geschäftsführer Profifußball), Klaus-Dieter Fischer (Geschäftsführer Leistungszentrum Fußball und andere Sportarten), Manfred Müller (Geschäftsführer Marketing und Management)

Aufsichtsrat: Willi Lemke (Vorsitzender), Dr. Hubertus Hess-Grunewald (Stellv. Vorsitzender), Dr. Werner Brinker, Gunnar Lübben-Rathjen, Hans Schulz, Günter Schulze

Chef-Trainer: Thomas Schaaf
Co-Trainer: Karl-Heinz Kamp, Wolfgang Rolff, Matthias Hönerbach
Torwart-Trainer: Dieter Burdenski
Spiel- und Spielerbeobachter: Husnija Fazlic
Mannschaftsarzt: Dr. Götz Dimanski
Physiotherapeuten: Holger Berger, Stefan Wolters
Zeugwarte: Detlef Kollra, Uwe Behrens

Verantwortungsbereiche

Controlling und Personal: Hinrich von Hallen
Marketing und Sponsoring: Oliver Rau
Mediendirektor: Tino Polster
Publikationen und Akkreditierungen: Marita Hanke
Rechnungswesen und Ticketmanagement: Jörg Fürst
Vereins- und Amateurangelegenheiten: Jens Höfer

„100 Schulen – 100 Vereine" / Stadionführungen: Helmut Dunker
Werder Fan-Service GmbH:
Petra Stelljes (Geschäftsführerin)
Sporthep „Werder" GmbH Sporttherapie und Rehabilitation:
Dr. Götz Dimanski (Geschäftsführer)
Die größten Erfolge:
Deutscher Meister 1965, 1988, 1993, 2004
Deutscher Pokalsieger 1961, 1991, 1994, 1999, 2004
Deutscher Supercup-Sieger 1988, 1993, 1994
Europapokalsieger der Pokalsieger 1992
Deutscher Amateurmeister 1966, 1985, 1991
Ehrenspielführer:
Richard Ackerschott (†), Marco Bode, Dieter Eilts, Horst-Dieter Höttges, Arnold „Pico" Schütz

Leistungszentrum Fußball Werder Bremen

Anschrift:
Franz-Böhmert-Str. 7, 28205 Bremen
Leitung: Klaus-Dieter Fischer
Nachwuchs-Manager: Wolf Werner
Nachwuchs-Cheftrainer: Thomas Wolter
Trainer:
Thomas Wolter (U 23), Mirko Votava (U 19), Andreas Ernst (U 18), Bernd Pfeifer (U 17), Klaus Rose (U 16), Thorsten Bolder (U 15), Harald Albrecht (U 14), Norbert Hübner (U 13), Volker Radel (U 12), Sascha Hansmann (U 11), Thomas Lorenzen (U 10), Uwe Gräser (U 9)
Scout: Frank Ordenewitz

Sport-Verein „Werder" von 1899 e.V.

Gegründet: 4. Februar 1899

Geschäftsführendes Präsidium:
Klaus-Dieter Fischer (Präsident), Dr. Hubertus Hess-Grunewald (Vize-Präsident), Axel Plaat (Schatzmeister)

Mitglieder des Präsidiums:
Dietmar Ernst (AbteilungsleiterFußball), Dagmar Stelberg (AbtL. Handball), Christian Schwarting (AbtL. Leichtathletik), Werner Meyer (AbtL. Tischtennis), Dr. Till Schelz-Brandenburg (AbtL. Schach), Meta Finke (AbtL. Turnspiele und Gymnastik), Peter Logemann (Jugendreferent), Jürgen Sterzik (Sportreferent)

Ältestenrat:
Fritz Henrichs, Hans Wild, Helga Kluge, Werner Laue, Horst Münte, Wolfgang Schäfer, Horst Kühne
Ehrenmitglieder:
Dr. Franz Böhmert (†), Meta Finke, Klaus-Dieter Fischer, Helga Kluge, Fini Krüger, Peter Logemann, Carl Alfred Scherer, Peter Sztuka, Hans Wild, Hannelore Wüst-Mikos, Wolfgang Westdörp

Vereinsfarben:
Grün-Weiß

Mitglieder:
22.000 (Stand 1.11.2005)